Ulrike Gerold / Wolfram Hänel
Jojo und das geklaute Handy

AF178766

Ulrike Gerold / Wolfram Hänel

Jojo
und das geklaute Handy

Mit Illustrationen von Christian Effenberger

Hase und Igel®

Für Lehrkräfte gibt es zu diesem Buch
ausführliches Begleitmaterial beim Hase und Igel Verlag.

© 2014 Hase und Igel Verlag GmbH, Garching b. München
www.hase-und-igel.de
Lektorat: Patrik Eis
Druck: CPI – Ebner & Spiegel, Ulm

ISBN: 978-3-86760-170-2
1. Auflage 2014

Inhalt

1. Kapitel
Das Monster auf dem Dach

Es gießt in Strömen. Und es ist schon fast dunkel draußen.

Eigentlich müsste Jojo an seinem Schreibtisch sitzen und Hausaufgaben machen. Seine Eltern glauben auch, dass er gerade brav englische Vokabeln lernt oder irgendwelche schwierigen Matheaufgaben löst. Er hat extra das Schild an seine Zimmertür gehängt, auf dem in großen Buchstaben steht:

NICHT STÖREN!
HIER WIRD SCHWER GEARBEITET!

Aber dann ist er aus dem Fenster geklettert und über das Garagendach abgehauen. Natürlich weiß

er, dass das eigentlich nicht okay ist, aber es musste sein! Es ging nicht anders. Und manchmal muss man eben auch Dinge tun, die verboten sind, denkt er. Oder zumindest nicht ganz okay. Vor allem wenn man sich so über seine Eltern geärgert hat, dass man am liebsten ausziehen würde!

Jojo hockt oben in dem alten Doppeldeckerbus, der auf dem Schrottplatz bei ihnen um die Ecke vor sich hin rostet. Der Bus ist das perfekte Versteck für Jojo und seine Freunde. Niemand außer ihnen kennt den Geheimpfad über den Graben und durch das Gebüsch bis genau zur hinteren Tür. Jannis, Fabian, Pia und Jojo nutzen den Bus auch als Detektivbüro, wenn sie gerade mal wieder einen komplizierten Fall zu lösen haben.

Aber im Moment geht es um keinen Fall. Und auch von den Freunden ist niemand da. Wahrscheinlich sind sie alle zu Hause und denken noch nicht mal an Jojo! Sondern liegen auf dem Bett und hören Musik – und zwischendurch schicken sie sich eine SMS, um den anderen mitzuteilen, welchen Song sie gerade hören. Nur Jojo hat von nichts eine Ahnung, weil er ja kein Handy hat!

Genau darum ging es auch bei dem Streit vorhin mit seinen Eltern.

„Ich brauche dringend ein Handy", hat Jojo erklärt. „Ich bin jetzt schon fast elf und ohne Handy geht gar nichts. Die anderen haben auch alle eins, ich bin der Einzige, der seinen Freunden keine Nachrichten schicken kann!"

„Jetzt übertreib mal nicht", hat sein Vater gesagt. „Wenn du was von deinen Freunden willst, brauchst du nur über die Straße zu gehen und zu klingeln."

Und Sabine, seine Mutter, hat allen Ernstes behauptet: „Erstens, Handys sind nur was für Angeber. Zweitens, man muss nicht immer alles mitmachen, was die anderen machen. Und drittens, für ein Handy bist du nun wirklich noch zu jung."

Da hat Jojo seinen Teller zurückgeschoben und ist vom Tisch aufgestanden. Obwohl es Spaghetti Bolognese gab! Aber er hatte keinen Hunger mehr, und am liebsten hätte er einfach losgeheult.

„Nur dass ihr es wisst", hat Jojo zwischen seinen Zähnen hervorgequetscht. „Ihr seid schuld, wenn mich demnächst alle für den letzten Loser halten!" Dann ist er in sein Zimmer gerannt und hat die Tür zugeknallt.

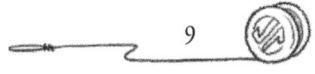

Natürlich weiß er, dass er eigentlich Glück hat mit seinen Eltern. Sie sind immer für ihn da und er kann auch über fast alles mit ihnen reden. Aber manchmal blicken sie einfach nicht durch! Und Jojo hat das dumme Gefühl, sie würden sogar riskieren, dass aus ihrem eigenen Sohn später nichts Vernünftiges wird! Nur weil sie nicht kapieren wollen, dass man ohne Handy NIE ein berühmter Privatdetektiv werden kann.

Jojo ist echt wütend. Stimmt doch, denkt er, ALLE haben ein Handy, nur ich nicht. Okay, Jannis hat auch noch keins, aber in einer Woche hat er Geburtstag, und Jannis ist sich absolut sicher, was ihm seine Eltern schenken werden. Dann bin ich wirklich der Einzige ohne Handy und keiner will mehr irgendwas mit mir zu tun haben. Denn keiner braucht einen Privatdetektiv, der ohne Handy in der Gegend rumrennt …

Jojo merkt erst jetzt, dass er friert. Klar, er ist ja auch klatschnass! Die Baggies kleben an seinen Beinen und von seiner Mütze tropft ihm Wasser ins Gesicht. Er tastet nach dem Jo-Jo in seiner Tasche. Aber er hat keine Lust, es herauszuholen, um einen neuen Trick auszuprobieren. Er hat auch keine Lust, ein paar alte Tricks zu machen.

Wozu auch? Es ist ja sowieso niemand da, der ihn bewundern würde. Er ist alleine. Und er kann noch nicht mal seine Freunde anrufen, um ein bisschen zu quatschen!

Plötzlich hört Jojo ein Geräusch. Direkt über sich, auf dem Dach! Eine Art Kratzen und Scharren, das deutlich lauter ist als der Regen, der auf das Blech trommelt. Jetzt kommt auch noch ein Klopfen dazu, als wolle jemand ein Loch in das Dach hacken!

Jojos Herz hämmert. Er hat mit einem Mal richtig Angst. Er blickt über die Sitzreihen hinweg bis zu der Treppe, die nach unten führt. Aber er traut sich nicht loszurennen. Wenn er die Treppe runtertrampelt, macht er ja erst recht auf sich aufmerksam, und wenn er dann zur hinteren Tür rauskommt, springt ihm das Ding vom Dach aus vielleicht direkt ins Genick! Was immer da über ihm auf das Blech hämmert, ist mit Sicherheit ziemlich groß. Und gefährlich!

So leise es geht, lässt sich Jojo vom Sitz rutschen und kriecht unter die Bank. Wenn ich jetzt ein Handy hätte, denkt er, könnte ich wenigstens die Polizei anrufen! Damit sie kommt und mich vor dem Monster auf dem Dach rettet. Aber ich

 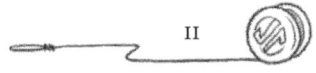

hab ja kein Handy, sondern nur mein Jo-Jo. Und das nützt mir hier gar nichts …

Gleich darauf hört er etwas, das klingt wie ein heiseres Krächzen. Als er den Kopf vorsichtig unter der Bank hervorschiebt, kann er gerade noch durchs Fenster sehen, wie eine Krähe vorüberfliegt.

Klar, es gibt jede Menge Krähen auf dem Schrottplatz, das weiß er natürlich. Das Monster auf dem Dach war also gar kein Monster, und er hat sich nur wegen einer blöden Krähe vor Angst fast in die Hose gemacht!

Vielleicht war es doch gut, dass ich eben kein Handy hatte, denkt er. Das wäre ja mehr als

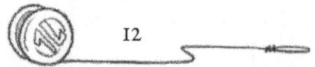

peinlich geworden, wenn die Polizei gekommen wäre, nur weil eine Krähe auf dem Dach saß. Aber das ändert nichts an der Tatsache, dass es sehr wohl Situationen gibt, in denen ein Handy die letzte Chance ist!

Jojo beschließt, nach Hause zu rennen, um gleich jetzt eine Liste zu schreiben. Mit allen Argumenten, die FÜR ein Handy sprechen. Die Liste wird er dann seinen Eltern auf den Frühstückstisch legen. Morgen ist Samstag, das passt gut. Da müssen seine Eltern nicht zur Arbeit und haben Zeit. Und er wird einfach so lange vor seiner Müslischüssel sitzen bleiben, bis sie aufgeben und so was sagen wie: „Okay. Kapiert. Tut uns leid, wenn wir ein bisschen genervt haben. Aber was da steht, ist natürlich vollkommen logisch. Am besten fahren wir jetzt gleich in die Stadt, um das günstigste Angebot zu finden. An was für eine Marke hast du denn gedacht?"

Gerade will Jojo unter der Bank hervorkriechen, als er Stimmen hört. Da sind irgendwelche Leute auf dem Schrottplatz! Und sie kommen näher! Jetzt müssen sie schon unten an der hinteren Tür sein. Gleich darauf hört Jojo ganz deutlich, wie sie einsteigen. Für einen Moment hofft er, dass es vielleicht Pia und seine Freunde sind, Fabian und Jannis. Aber die Stimmen passen nicht! Sie sind viel zu tief und es ist auch kein Mädchen dabei.

„Ich will nur mal checken, ob die Luft rein ist", sagt jetzt eine Stimme. „Nicht dass wir irgendwelche heimlichen Zuhörer haben. Ihr wisst ja, dass die Zwerge hier manchmal rumhängen …"

Als die Schritte die Stufen hochkommen, drückt sich Jojo flach auf den Boden. Direkt vor seinem Gesicht klebt ein alter Kaugummi und eine fette Spinne seilt sich aus der Federung der Sitzbank ab.

Unter den Bänken hindurch sieht Jojo nur Turnschuhe, die auf dem Gang näherkommen. Anhalten. Noch einen Schritt weitergehen. Sich umdrehen und wieder die Treppe hinunter verschwinden.

„Alles easy, Leute, wir sind alleine!"

Jojo kennt nur einen, der ihn und seine Freunde „Zwerge" nennt. Und diesem einen möchte er auf keinen Fall begegnen! Genauso wenig wie seinen Kumpels, die es sich unten offensichtlich gerade bequem machen.

Jojo sitzt in der Falle!

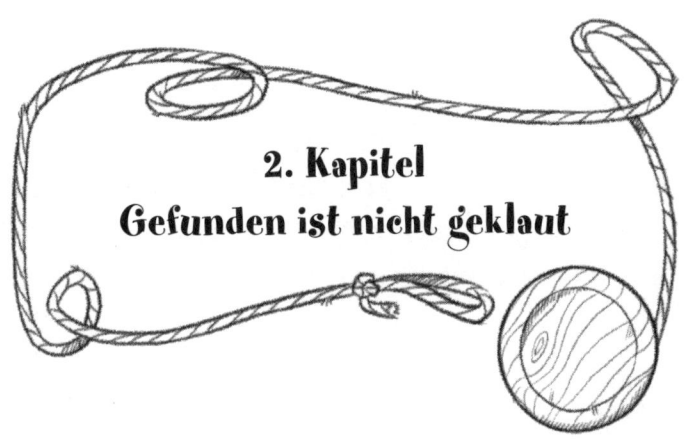

2. Kapitel
Gefunden ist nicht geklaut

Der Regen trommelt immer noch auf das Dach. Das Geräusch ist so laut, dass Jojo zwar das Stimmengemurmel von unten hört, aber kaum ein Wort verstehen kann. Vorsichtig richtet er sich auf und schleicht den Gang entlang bis zur Treppe.

Als er sich über das Geländer beugt, kann er undeutlich ein paar Gestalten sehen, die auf den Rückenlehnen der Sitzbänke hocken. Einer von ihnen hält eine Taschenlampe in der Hand.

Sie sind zu viert, und sie haben alle dunkle Kapuzenshirts an und die Kapuzen weit in ihre Gesichter gezogen. Jojo ist sich trotzdem sicher, dass er zumindest ganz genau weiß, wer der Typ mit der Taschenlampe ist: Alex, der große Bruder von Pia und Fabian! Und die anderen müssen

dann seine Kumpels sein. Jojo geht ihnen normalerweise aus dem Weg, seit er mal Ärger mit ihnen hatte. Da haben sie ihm an der Dönerbude aufgelauert und wollten Streit anfangen. Wenn nicht Pia gerade noch rechtzeitig gekommen wäre, hätte es böse für Jojo ausgesehen.

Sonst weiß er nicht viel über die Großen. Er hat keine Ahnung, ob sie noch irgendwas anderes machen, als nachmittags an der Dönerbude rumzuhängen. Aber das interessiert ihn auch gar nicht, er hat ja seine eigenen Freunde. Im Übrigen findet er, dass sich Alex und seine Kumpels viel zu wichtig nehmen. Sie tun immer so, als ob sie wer weiß wie cool wären. Und Jojo und die anderen sind für sie nichts weiter als „Zwerge".

Aber dass sie den Doppeldeckerbus offensichtlich ebenfalls als geheimen Treffpunkt benutzen, ärgert Jojo gewaltig. Und sie wissen sogar, dass sich Jojo und seine Freunde hier immer treffen!

Jojo überlegt, was ein echter Detektiv jetzt wohl machen würde. Die Sache ist klar: Ein echter Detektiv würde versuchen herauszukriegen, was die Bande da unten zu besprechen hat! Das Problem ist nur, dass sie gar nicht reden. Im Moment jedenfalls nicht. Sie hocken nur rum und machen gar nichts. Als würden sie auf irgendetwas warten. Oder auf irgendjemanden. Und solange kauen sie Kaugummi und spielen mit ihren Handys. Jeder für sich, als gäbe es die anderen gar nicht.

Jojo wird langsam nervös. Irgendwann muss er ja wieder nach Hause! Bestimmt ist es inzwischen schon so spät, dass seine Mutter bald bei ihm an die Tür klopfen wird, um ihm Gute Nacht zu sagen. Und wenn er dann nicht antwortet …

Jetzt klingelt unten ein Handy. Einer von Alex' Kumpels nimmt das Gespräch an.

„Geht klar", hört Jojo ihn nach einem Moment sagen. „Natürlich sind wir dabei, ist doch logo. Ich und noch drei Kumpels. – Was? – Nein, sind alle voll okay, du kannst dich auf mich verlassen. Keine Panik! – Ja, ich weiß, wo. Gib uns eine Viertelstunde, dann sind wir da." Er schaltet das Handy aus und springt von der Bank. „Es geht los", sagt er zu den anderen. „Aber wir haben nicht viel Zeit."

Die anderen springen ebenfalls auf. Hintereinander drängen sie zur Tür.

Jojo huscht zum nächsten Fenster hinüber. Ein paarmal sieht er noch die Taschenlampe zwischen

den Schrottautos aufblitzen, dann ist die Bande endgültig in der Dunkelheit verschwunden.

Erst jetzt merkt Jojo, dass ihm vor Aufregung die Knie zittern. Er holt tief Luft und steigt vorsichtig die Stufen hinunter. Der Regen hat aufgehört und plötzlich leuchtet der Mond wie ein Scheinwerfer zwischen den Wolken hindurch.

Jojo will gerade durch die Tür nach draußen, als er auf der Sitzbank etwas aufblitzen sieht.

Da liegt ein Handy!

Jojo zögert. Das Handy muss einem aus der Bande gehören, so viel ist klar. Wahrscheinlich ist es ihm aus der Tasche gerutscht, als er nach dem Anruf aufgesprungen und abgehauen ist. Und wenn der Typ merkt, dass sein Handy weg ist, wird er jeden Moment zurückkommen.

Aber noch ist Jojo alleine und er braucht eigentlich nur … Er beugt sich vor und nimmt das Handy von der Sitzbank. Es sieht ziemlich neu aus – und teuer!

Keine zehn Sekunden später ist Jojo durch die Tür und hastet geduckt zu dem Gebüsch, durch das der schmale Pfad bis zum Graben am Rand des Schrottplatzes führt. Das Handy hält er die ganze Zeit fest in der Hand. Erst als er schon fast wieder bei der Wohnsiedlung ist, schiebt er es in seine Hosentasche und rennt dann schnell weiter. Immer wieder blickt er sich um, ob nicht vielleicht doch jemand hinter ihm her ist.

Als er das Garagentor aufklinkt, sieht er, dass bei ihm im Zimmer Licht ist. Und gerade kommen seine Eltern aus der Haustür!

Sie suchen ihn, so viel ist klar. Sie müssen einen gehörigen Schrecken bekommen haben, als er nicht in seinem Zimmer war. Und kaum hat sein Vater ihn entdeckt, schimpft er auch schon los: „Du kannst doch nicht einfach abhauen! Ich glaub es ja wohl nicht! Wo bist du überhaupt gewesen?"

Jojo ist froh, das seine Mutter nicht auch noch schimpft. Sie nimmt ihn nur in den Arm und drückt ihn fest an sich. „Wir haben Angst um dich gehabt! Mach so was nicht wieder, versprich mir das, ja?"

„Es tut mir leid", antwortet Jojo leise. „Entschuldigung."

„Es ging um das Handy, richtig? Du hast dich über uns geärgert und wolltest uns am liebsten nie wiedersehen, stimmt's? Aber ich bin froh, dass du es dir anders überlegt hast."

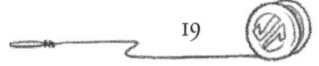

Jojo nickt nur, ohne etwas zu sagen. Er hat das Gefühl, dass das Handy in seiner Hosentasche plötzlich so heiß ist wie ein Stück glühende Grillkohle. Er hat Mist gebaut! Er hätte das Handy nie mitnehmen dürfen. Und er hat nicht mal darauf geachtet, ob das Ding eigentlich ausgeschaltet ist. Wenn es jetzt klingelt, dann hat er echt ein Problem …

„Ab ins Bett!", sagt sein Vater. „Für heute reicht's."

Als Jojo schon im Badezimmer steht und sich die Zähne putzt, kommt seine Mutter noch einmal zu ihm. „Lass deinem Vater ein paar Tage Zeit", sagt sie. „Und dann reden wir in aller Ruhe darüber, ob du wirklich ein Handy brauchst. Jetzt schlaf erst mal schön, gute Nacht."

Jojo fühlt sich doppelt mies. Nicht nur, dass er seinen Eltern einen großen Schrecken eingejagt hat, sondern er hat ihnen noch nicht mal erzählt, was überhaupt passiert ist. Sie haben keine Ahnung, dass er längst ein Handy hat! Aber wenn er es ihnen jetzt doch noch erzählt, dann nehmen sie es ihm bestimmt wieder weg …

Er muss ein gutes Versteck für das Teil finden. Aber vorher muss er unbedingt überprüfen, ob es

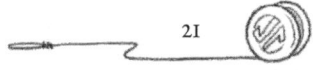

ausgeschaltet ist! Nicht, dass es plötzlich doch noch klingelt.

Jojo zieht seinen Schlafanzug an und nimmt das Handy mit ins Bett, damit er es schnell unter der Decke verschwinden lassen kann, falls seine Mutter noch mal ins Zimmer kommen sollte.

Das Handy ist ausgeschaltet. Jojo sieht es sich von allen Seiten an. Der Einschaltknopf ist oben rechts, ganz am Rand. Jojo fühlt mit dem Zeigefinger über den kleinen Knopf.

Soll ich oder soll ich nicht?, denkt er. Ja. Nein. Ja. Nein. Ja …

Er drückt. Das Licht auf dem Display geht an. Fast gleichzeitig ertönt eine Melodie. Jojo erschrickt so sehr, dass ihm das Handy fast aus der Hand rutscht. Und dann hat er auch schon das Menü vor sich! Das Handy ist nicht gesichert. Er braucht noch nicht mal eine PIN, er könnte jetzt einfach so telefonieren!

Mit zitternden Fingern schaltet er das Handy wieder aus. Er überlegt einen Moment, dann schiebt er es unter seine Matratze. Er ist viel zu müde, um jetzt noch zu entscheiden, was er machen soll. Keine Minute später ist er fest eingeschlafen.

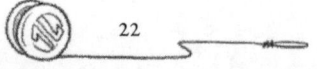

Er wird erst wieder wach, als ein Polizist neben seinem Bett steht und ihm Handschellen anlegen will. „Wer Handys klaut, kommt ins Gefängnis!", erklärt der Polizist.

„Aber ich habe es gar nicht geklaut!", ruft Jojo. „Ich hab es doch nur gefunden!" Er blickt sich nach einem Fluchtweg um und reißt die Augen auf. Um ihn herum ist alles dunkel, nur der Mond scheint durchs Fenster.

Jojo braucht einen Moment, bis er begreift, dass er nur geträumt hat. Es gibt gar keinen Polizisten, der ihm Handschellen anlegen will. Und vielleicht …

Jojo tastet mit der Hand unter die Matratze. Er hofft fast, dass auch die Sache mit dem Handy nur ein blöder Traum war. Aber das Handy ist da, er kann es ganz deutlich fühlen.

„Gefunden ist nicht geklaut", sagt er noch mal laut. Aber so richtig überzeugt ist er von seinem Satz selbst nicht.

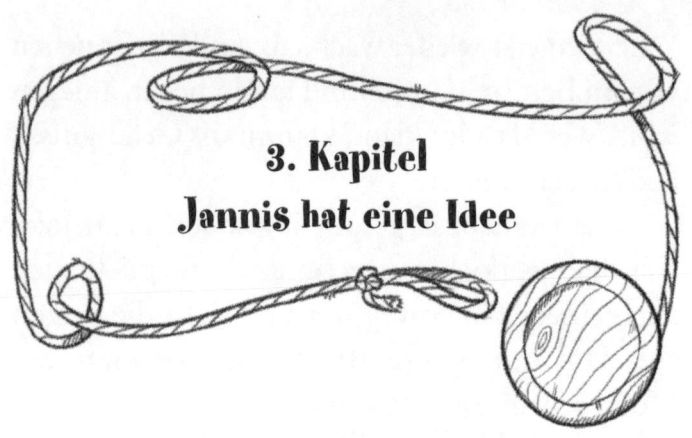

3. Kapitel
Jannis hat eine Idee

Am nächsten Morgen hat Jojo Mühe, seine Eltern davon zu überzeugen, ohne ihn einkaufen zu fahren. Es ist Samstag und sie wollen zu Ikea, weil sie ein neues Regal brauchen. Eigentlich fährt Jojo da immer gerne mit und probiert die Möbel aus. Deshalb weiß er zum Beispiel auch, dass die Bücher in den Regalen gar keine echten Bücher sind, sondern nur Pappdeckel mit leeren Seiten drin. Aber heute hat er Wichtigeres zu tun.

„Tut mir leid", sagt er, „aber ihr müsst mal ohne mich klarkommen. Ich hab nämlich eine Verabredung. Ich treffe mich mit Jannis, weil wir etwas besprechen müssen."

Das ist nicht mal richtig gelogen! Er will sich tatsächlich mit Jannis treffen, auch wenn Jannis

24

noch nichts davon weiß. Aber er muss ihm natürlich unbedingt von gestern Abend erzählen! Er braucht dringend jemanden, mit dem er über das Handy reden kann. Inzwischen ist die Sache nämlich noch viel komplizierter geworden …

Gleich nach dem Aufwachen hat er das Handy wieder unter der Matratze hervorgeholt. Seine Mutter war schon unten in der Küche und sein Vater stand unter der Dusche. Jojo musste das Handy einfach noch mal ausprobieren, es ging nicht anders. Er hat es eingeschaltet und sich durch das Menü geblättert. Wie ein richtiger Detektiv, der nach Hinweisen sucht. Aber der Speicher mit den Kurznachrichten war leer. Dafür gab es jede Menge Einträge im Adressbuch. Lauter Namen, die er nicht kannte. Als er unter „A" keinen Eintrag für Alex finden konnte, hatte er schon den Verdacht, dass irgendetwas nicht stimmt. Denn wenn das Handy einem von Alex' Kumpeln gehörte, hätte der Alex' Nummer bestimmt gespeichert! Und dann hat er die Festnetznummer entdeckt, die unter „Home" eingegeben war – und einfach angerufen. Schon nach dem zweiten Klingeln meldete sich eine Frauenstimme. Vor Schreck hat Jojo schnell die Verbindung unterbrochen. Aber noch bevor er das Handy ausschalten konnte, klingelte es schon wieder! Obwohl er es eigentlich gar nicht wollte, hat er doch auf das grüne Feld gedrückt. Aber er hat nichts gesagt, auch nicht, als die Frau immerzu „Hallo" rief.

„Hallo? Melden Sie sich doch bitte! Das ist nämlich mein Handy, was Sie da haben. Es ist mir gestern gestohlen worden, beim Einkaufen, aus der Handtasche! Und es ist noch ganz neu. Wenn Sie es also gefunden haben, dann sagen Sie doch bitte etwas. Hallo, sind Sie noch dran? Ich zahle Ihnen auch einen Finderlohn. Wissen Sie, ich brauche das Handy ganz dringend, und ich habe nicht genug Geld, um mir schon wieder ein neues zu kaufen. Hallo?"

Immer noch ohne zu antworten, hat Jojo das Handy ausgeschaltet und wieder unter der Matratze versteckt. Er war klatschnass geschwitzt vor Aufregung – das Handy war also gestohlen! Und er wusste beim besten Willen nicht, was er jetzt machen sollte. Natürlich ging ihm durch den Kopf, es der Frau einfach zurückzugeben. Aber dann würde sie vielleicht denken, er wäre auch der Dieb, und die Polizei holen! Und wenn er dann erzählen würde, wie es wirklich gewesen war, musste er ja die Bande von Alex und seinen Kumpels verraten. Aber genau davor hatte er Angst! Wenn die Bande rauskriegen würde, dass er geredet hätte, würde sie sich ganz sicher an ihm rächen.

Jetzt hofft er nur, dass vielleicht Jannis irgendeine Idee hat, was er tun soll.

Jojo wartet am Fenster, bis seine Eltern das Auto aus der Garage geholt haben und weggefahren sind. Er schiebt das geklaute Handy in die Tasche seiner Baggies und kriecht durch das Loch im Gartenzaun zu Jannis hinüber. Aber als er unter dem Fliederbusch auf Jannis' Seite hervorkommt, steht keine zwei Meter vor ihm ausgerechnet Jannis' Vater! Zum Glück dreht er ihm den Rücken zu. Jojo sieht, dass er mit beiden Händen einen Spaten vor sich hält. So, als wolle er jeden Moment zustechen. Aber er rührt sich nicht. Er starrt nur auf den Rasen und steht völlig bewegungslos.

Jojo drückt sich hinter ihm an der Hecke entlang und läuft geduckt zum Haus. Jannis' Zimmer ist in einem kleinen Anbau, gleich neben der Terrasse. Das Fenster steht offen. Jannis hockt

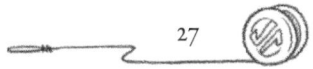

auf dem Fußboden und klebt gerade die Sohle von seinem Turnschuh wieder an.

Als Jojo über die Fensterbank geklettert kommt und ins Zimmer springt, schreit Jannis vor Schreck auf. „Au Mann, kannst du nicht vorher was sagen? Ich hab fast einen Herzinfarkt gekriegt!"

„Sorry", sagt Jojo. „Aber ich wollte nicht, dass dein Vater mich hört. Er steht nämlich da draußen auf dem Rasen und hätte mich fast entdeckt, als ich durch den Zaun gekrochen bin."

„Ich weiß." Jannis grinst. „Er steht schon seit dem Frühstück da. Er will den Maulwurf erwischen, der unseren Garten durchwühlt."

Jojo nickt. „Alles klar. Ich hatte schon Angst, dass er auf mich wartet!"

„Mann, Mann, ich sag es doch! Wenn wir jeder ein Handy hätten, hättest du mir einfach eine Nachricht schicken können, dass du gleich kommst, und ich hätte dich gewarnt."

„Deshalb bin ich überhaupt hier", sagt Jojo. „Wegen unserem Handyproblem. Ich muss dir nämlich was erzählen." Er macht das Fenster zu und hockt sich zu Jannis auf den Fußboden. Dann springt er noch einmal auf, um auch die Zimmertür abzuschließen.

„Bist du dir sicher, dass mit dir alles in Ordnung ist?", fragt Jannis. „Keine Panik, Alter, mein Vater ist wirklich nur hinter dem Maulwurf her. Ansonsten ist er harmlos."

Aber als Jojo anfängt zu erzählen, wird auch Jannis mit jedem Satz nervöser. „Echt, die Großen benutzen unseren Bus auch als Versteck? Hammer! Aber ich hab schon ein paarmal gedacht, dass irgendwas nicht stimmt. Erinnerst du dich, dass ich mich erst letzte Woche über die leere Bierdose gewundert habe, die unter der einen Bank lag? Aber ihr habt ja behauptet, die wäre schon immer da gewesen. War sie aber nicht! Jede Wette, dass die Großen sie da vergessen haben."

„Diesmal haben sie noch was ganz anderes vergessen", sagt Jojo und zieht das Handy aus der Tasche.

„Mann!", ruft Jannis, „Hammer, echt! Das ist das neueste Smartphone, das es gibt. Damit kannst du ins Netz und alles. Und natürlich Fotos machen und Videos drehen. Hammer!", wiederholt er. „Aber ... hast du das echt einfach geklaut? Ich meine, schon klar, es lag da so rum, und gefunden ist auch nicht geklaut, aber trotz-

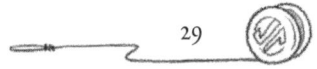

dem. Es gehört doch einem von den Großen, oder?"

„Eben nicht", sagt Jojo. Er erzählt Jannis schnell auch noch den Rest der Geschichte.

„Aber das heißt ja ..." Jannis sieht Jojo an, als könne er noch nicht ganz glauben, was er gerade gehört hat.

Jojo nickt. „Das heißt, dass entweder einer von Alex' Kumpels das Handy geklaut hat oder Alex selber. Ich hab leider nicht mitgekriegt, wer von ihnen das Teil vorher in der Hand hatte. Sie hatten alle ein Handy, als ich sie beobachtet habe."

„Warte mal!" Jannis springt auf. „Ich muss dir was zeigen. Hab ich heute Morgen beim Frühstück gesehen ..."

Er schließt die Tür auf und verschwindet auf dem Flur. Keine Minute später kommt er zurück und hält Jojo die Zeitung hin. „Hier! Lies mal." Er tippt mit dem Finger auf einen kurzen Artikel gleich oben auf der Seite.

DREISTE HANDYKLAUER UNTERWEGS, liest Jojo die fettgedruckte Überschrift.

„Lies weiter", fordert Jannis ihn auf. „Jetzt wird es erst richtig interessant."

Wiederholt sind in letzter Zeit in Burgdorf Handys gestohlen worden. Die Polizei geht inzwischen von einer Bande aus, die vor allem in den Supermärkten zuschlägt. Erste Ermittlungen ergaben, dass die Handys fast immer in der Schlange an der Kasse entwendet wurden, wenn die Besitzer gerade abgelenkt waren. Die Polizei rät allen Handybesitzern, ihre Mobiltelefone nicht in der Einkaufstasche zu lassen und besonders aufmerksam zu sein.

„Kapierst du?", fragt Jannis, als Jojo zu Ende gelesen hat. „Die Sache ist ja wohl klar: Du hast doch erzählt, dass die Großen alle ein Handy hatten! Jede Wette, dass die alle geklaut waren, ich sag's dir. Wir wissen, wer die Bande ist, die da gesucht wird. Und damit haben wir einen neuen Fall, Mann! Wir müssen die Bande überführen und vielleicht gibt es sogar eine Belohnung oder so was. Es wurde aber auch echt Zeit, dass mal wieder was passiert. Sonst hätten wir unser Detektivbüro nämlich langsam dichtmachen können." Er grinst und boxt Jojo gegen den Arm. „Los, komm, wir müssen schnellstens Pia und Fabian informieren, damit wir mit unseren Ermittlungen anfangen können. – He, was ist los? Warum schüttelst du den Kopf?"

„Erstens wissen wir ja noch gar nicht, ob du recht hast", sagt Jojo. „Vielleicht ist es auch nur ein Zufall und das Handy hier hat überhaupt nichts mit der Bande aus den Supermärkten zu tun …"

„Ein bisschen viel Zufall, oder? Nee, Alter, glaub mir …"

„Warte! Zweitens, nur mal angenommen, du hast wirklich recht, dann haben wir ein dickes Problem. Ich meine, Alex ist schließlich der große Bruder von Pia und Fabian! Ich glaube kaum, dass sie dabei mitmachen werden, ihrem eigenen Bruder eine Falle zu stellen. Und wenn wir Pech haben, erzählen sie ihm sogar alles!"

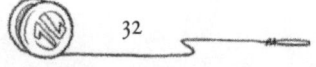

„Mist, daran hab ich überhaupt nicht gedacht! Und was machen wir jetzt?"

Jojo zuckt mit den Schultern. „Keine Ahnung. Ich fürchte fast, den Fall müssen wir alleine lösen. Und die Großen dürfen unter keinen Umständen was davon mitkriegen, sonst sind wir dran."

Jannis überlegt einen Moment. „Und wenn wir einfach zur Polizei gehen?", schlägt er dann vor.

„Hab ich auch schon überlegt", sagt Jojo. „Aber das geht nicht. Jedenfalls nicht, solange wir das Handy haben! Das Handy ist geklaut, Mann, verstehst du nicht? Das glaubt uns doch kein Mensch, dass ich es nur gefunden habe. Wenn wir damit zur Polizei gehen, halten sie mich garantiert für einen von der Bande! Ich hätte es nie mitnehmen dürfen, aber jetzt ist es zu spät. Und ich kann es auch nicht einfach wieder in den Bus zurückbringen. Das ist viel zu gefährlich! Es braucht mich bloß einer von den Großen dabei zu erwischen, dann …"

Jojo merkt selbst, dass er vor Panik keinen klaren Gedanken mehr fassen kann. Er fühlt sich so, als würde er schon mit einem Fuß im Gefängnis stehen. Oder als würde jeden Moment einer von den Großen auftauchen, um ihn zu verprügeln.

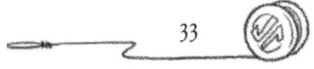

Jannis' nächster Vorschlag macht die Sache nicht besser. „Wir werfen das Handy einfach weg", sagt er. „In den Müllcontainer am Supermarkt. Oder wir verbuddeln es im Wald. Ist zwar schade drum, aber was anderes fällt mir nicht ein. Oder hast du eine bessere Idee?"

„Und was ist dann mit der Frau, die mich angerufen hat?", fragt Jojo. „Sie klang echt nett, nur eben total fertig, weil sie ihr Handy dringend braucht. Ich muss es ihr zurückgeben! Aber sie darf nicht wissen, wer ich bin, damit sie nicht die Polizei holen kann."

„Okay", sagt Jannis. „Dann müssen wir rauskriegen, wo sie wohnt, und werfen es ihr heimlich in den Briefkasten."

Jojo nickt. „Das könnte klappen. Und du hilfst mir echt?"

„Ist doch logo. Schließlich bin ich dein Freund. Und wenn wir das Teil erst mal los sind, machen wir einen Plan, wie wir die Bande überführen. Los, gib mir fünf, Alter!"

Sie klatschen sich ab. Und Jojo denkt, dass er wirklich Glück hat, Jannis als Freund zu haben. Er hofft nur, dass auch alles so klappt, wie sie es sich gerade überlegt haben.

4. Kapitel
Jojo wird sein Jo-Jo los

Zwei Stunden später kommt Jojo bei Jannis aus dem Haus. Diesmal durch die Vordertür, weil Jannis' Vater immer noch im Garten ist. Er hat sich inzwischen einen Klappstuhl geholt, auf dem er jetzt mit seinem Spaten sitzt und auf den Maulwurf wartet. Allerdings haben Jojo und Jannis vom Fenster aus gesehen, dass der Maulwurf längst schon wieder neue Erdhaufen aufgewühlt hat – und zwar direkt HINTER Jannis' Vater.

Aber sie haben Jannis' Vater nichts davon gesagt. Sie haben sich nur angegrinst und fanden es beide gut, dass der Maulwurf Jannis' Vater ausgetrickst hat.

Als Jojo durch das Gartentor auf die Straße tritt, hat er fast so was wie gute Laune. Immerhin

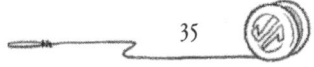

haben sie es geschafft, die Adresse der Frau raus-
zubekommen, der das Handy gehört. Und mit
ein bisschen Glück sind sie das Ding heute Abend
wieder los! Das war wirklich saubere Detektivarbeit, die sie da eben beide abgeliefert haben. Vor
allem Jannis war echt klasse. Er hat sogar daran
gedacht, ein Taschentuch um das Handy zu
wickeln, damit die Frau auf keinen Fall seine
Stimme erkennen konnte. Und als sie sich meldete, hat er sie gar nicht erst zu Wort kommen lassen, sondern nur gesagt: „Stellen Sie keine Fragen! Machen Sie einfach nur, was ich sage, dann
bekommen Sie Ihr Handy zurück. Und keine
Polizei, sonst kann ich für nichts garantieren. –
Also, ich brauche Ihre Adresse. Wo wohnen Sie?
Wie? Was? Kornblumenweg, alles klar! Nummer? 14, kapiert. Versuchen Sie keine Tricks,
dann finden Sie Ihr Handy morgen früh im
Briefkasten." Und dann hat Jannis schnell die
Verbindung unterbrochen und sie haben das
Handy wieder ausgeschaltet.

Ein echter Detektiv hätte die Sache nicht bes-
ser machen können! Auf dem Stadtplan, der bei
Jannis im Flur hängt, haben sie auch gleich den
Kornblumenweg gesucht. Es ist gar nicht weit,

mit dem Fahrrad werden sie höchstens zehn Minuten brauchen. Und dann müssen sie nur noch unbemerkt an den Briefkasten kommen. Deshalb wollen sie auch warten, bis es dunkel ist. Ihr Plan ist gut, sie haben an alles gedacht!

Jojos gute Laune löst sich allerdings in Luft auf, als er jetzt auf der Straße ausgerechnet Alex trifft! Alex lehnt an einem Laternenpfahl vor Jojos Haus. Und es sieht fast so aus, als hätte er auf Jojo gewartet!

Jojo merkt, wie ihm die Knie weich werden. „Hallo, Alex", kriegt er mit Mühe zwischen den Zähnen heraus und will schnell durch die Gartentür verschwinden. Aber Alex versperrt ihm den Weg.

„W-w-was ist?", stottert Jojo. „Wolltest du etwa zu mir?"

„Nee, ich hab auf den Weihnachtsmann gewartet", sagt Alex. Dann tippt er sich an die Stirn, als wäre Jojo ein bisschen schwer von Begriff. „Natürlich wollte ich zu dir. Wir müssen reden!"

„Und worüber?", fragt Jojo. Seine Stimme zittert und klingt viel zu hoch. Wenn Alex mit ihm reden will, dann kann das nur bedeuten …

„Na, was glaubst du wohl?"

„Ich … ich weiß nicht. Keine Ahnung."

„Mann, Zwerg, jetzt nerv hier nicht rum. Es geht um das Teil da in deiner Hosentasche!"

Jojo starrt Alex mit offenem Mund an, während ihm gleichzeitig der Schweiß ausbricht. Woher kann Alex wissen, dass er das geklaute Handy in seiner Tasche hat? Aber er weiß es, die Sache ist klar, und jetzt ist Jojo dran!

„Ich", fängt er wieder an zu stottern, „ich wollte das gar nicht mitnehmen, echt nicht, glaub mir."

„Was?", fragt Alex und sieht so aus, als würde er kein Wort kapieren. „Wovon redest du, Mann?"

Jojos Gedanken überschlagen sich. Kann es sein, dass Alex gar nicht das geklaute Handy meint? „Wovon redest du?", fragt er vorsichtig zurück.

Alex tippt sich wieder an die Stirn. „Bist du dir sicher, dass bei dir noch alles in Ordnung ist? Ich meine natürlich das Jo-Jo, mit dem du ständig rumspielst! Was soll ich denn sonst meinen?"

„Ach so, das Jo-Jo, klar, was denn sonst!" Jojo holt vor Erleichterung so tief Luft, dass ihm fast schwindlig wird. „Und was ist damit?"

„Ich brauche mal einen guten Trick, irgendwas, was sonst keiner kann. Wofür, muss dich

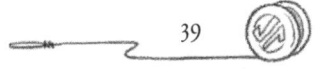

nicht interessieren. Hauptsache, der Trick ist gut. Kapiert?"

„Kapiert", sagt Jojo und nickt. Er holt sein Jo-Jo aus der Tasche. „Ich zeig dir einen Trick, den garantiert noch keiner kennt. Hab ich mir selber ausgedacht. Pass auf!" Er tritt zwei Schritte zurück und lässt das Jo-Jo plötzlich waagerecht vorschnellen, bis die Schnur vollständig abgewickelt ist. Im gleichen Moment geht er in die Knie und schleudert das Jo-Jo mit einer kurzen Bewegung aus dem Handgelenk heraus in eine Kreisbahn. Er lässt es drei- oder viermal wie ein Lasso über seinem Kopf kreisen, dann zielt er auf den Laternenpfahl. Als sich das Jo-Jo um den Pfahl wickelt, zieht Jojo schnell die Schnur straff. Jetzt sieht es tatsächlich so aus, als hätte er die Laterne gerade mit einem Lasso eingefangen.

„Und fertig", sagt er. „Wenn du den Trick richtig draufhast, kannst du auch jemanden im vollen Lauf damit stoppen. Glaub ich jedenfalls. Ich hab nur bisher noch keinen gefunden, mit dem ich das ausprobieren kann."

Alex nickt. „Nicht schlecht", sagt er.

„Aber auch nicht ganz leicht", erwidert Jojo. „Du musst ziemlich viel üben, bis es klappt."

„Ist klar", sagt Alex und streckt die Hand aus. „Dann gib mal her!"

„Was?"

„Ich hab kein Jo-Jo, also brauch ich deins, bis ich den Trick draufhabe, ist doch logo. Danach kannst du es wiederhaben."

Bevor Jojo reagieren kann, hat Alex sich auch schon sein Jo-Jo geschnappt.

„Aber ... He, warte mal!"

„Reg dich ab, Zwerg! Ich sag doch, dass du es wiederkriegst." Alex dreht sich einfach um und geht.

Jojo starrt hinter ihm her, bis er um die nächste Ecke verschwunden ist. Er weiß, dass er gar nichts machen kann. Alex hat ihn gerade reingelegt. So viel ist ja wohl klar.

Oder, noch schlimmer: Jojo hat sich selbst reingelegt! Genauso klar ist nämlich auch, dass Alex den Lassotrick sowieso nie schaffen wird. Und das heißt mit anderen Worten, dass Jojo sein Jo-Jo wahrscheinlich nie wiedersehen wird!

Jojo ist echt sauer. Aber Alex soll bloß nicht glauben, dass er das einfach so mit sich machen lässt! Wenn Jannis und er rauskriegen, dass Alex tatsächlich etwas mit den Handydiebstählen zu

tun hat, dann wird er jetzt jedenfalls keine Rücksicht mehr auf ihn nehmen.

„Selber schuld", sagt er laut, während er die Haustür aufschließt. „Jetzt ist Schluss mit lustig!"

Immer noch wütend tritt er sich die Turnschuhe von den Füßen und schleudert sie in die Ecke. Dann sieht er, dass der Anrufbeantworter auf dem Regal im Flur blinkt. Kaum hat er die Wiedergabetaste gedrückt, hört er die aufgeregte Stimme seiner Mutter: „Jojo? Pass auf, Kleiner, krieg keinen Schreck, aber es dauert noch ein bisschen länger, wir sind nämlich gerade bei der Polizei. Stell dir vor, irgendjemand hat mir an der Kasse bei Ikea mein Handy gestohlen! Wir erzählen dir nachher alles ganz genau. Bis später."

Jojo zweifelt keinen Moment daran, dass es die Supermarktbande war, die seiner Mutter das Handy geklaut hat. Aber dann kann Alex nicht dabei gewesen sein, weil er ja mit Jojo vor dem Haus gestanden hat. Es sei denn …

Jojo rechnet schnell nach. Er war mindestens zwei Stunden bei Jannis. Das reicht, denkt er. Alex kann ohne Weiteres erst bei Ikea gewesen sein – und hatte dann immer noch genug Zeit, um zurückzukommen und Jojo aufzulauern. Er muss seine Eltern nachher unbedingt fragen, ob sie bei Ikea vielleicht zufällig Alex gesehen haben!

Andererseits war es wahrscheinlich so voll, dass sie auch einfach an ihm vorbeigerannt sein können, ohne ihn zu bemerken. Und das Handy kann natürlich auch ein anderer aus der Bande geklaut haben! Aber Jojo ist sich trotzdem sicher, dass Alex dabei war. Er kapiert nur nicht, was das mit dem Jo-Jo sollte!

Alex hat gesagt, es würde ihn nichts angehen, wofür er den Trick brauche. Der Trick müsse nur gut sein. Aber was will jemand, der Handys klaut, mit einem Jo-Jo-Trick?

Der Fall scheint irgendwie komplizierter zu sein, als Jojo bisher dachte. Aber das Wichtigste ist im Moment, dass die Bande eindeutig noch keine Ahnung hat, wer das geklaute Handy aus dem Doppeldeckerbus haben könnte. Und so soll es auch bleiben!

Es klingelt. Sofort denkt Jojo, dass er sich geirrt hat und jetzt doch die Bande vor der Tür steht, um das Handy zurückzuholen. Er schleicht zum Küchenfenster und blickt hinter der Gardine hervor auf die Straße. Aber er kann nichts weiter sehen als Jannis' Fahrrad mit dem albernen Bana-

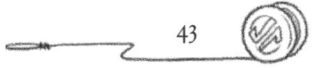

nensattel, das am Gartentor lehnt. Und damit ist auch klar, wer jetzt ungeduldig zum zweiten Mal klingelt!

„Ich hab noch mal nachgedacht", sagt Jannis, kaum dass Jojo die Tür aufgemacht hat. „Wir fahren da jetzt schon hin. In den Kornblumenweg, meine ich. Natürlich ohne das Handy, nur so, um uns mit der Gegend vertraut zu machen. Damit wir dann im Dunkeln nicht erst lange suchen müssen, wo der Briefkasten ist und so, verstehst du? Wir fahren einfach zwei- oder dreimal am Haus vorbei und checken die Lage. Hast du Zeit?"

Jojo zuckt mit den Schultern. „Gute Idee", sagt er nur. „Meine Eltern kommen sowieso erst später." Dann stutzt er. „Sag mal, was hast du da eigentlich an? Was soll das?"

Jannis grinst. „Ich dachte schon, du wärst blind. – Aber das ist alles nur Tarnung", setzt er hinzu und hält Jojo eine Plastiktüte hin. „Hier, für dich hab ich auch ein paar Klamotten mitgebracht. Je auffälliger wir jetzt aussehen, umso unwahrscheinlicher ist es, dass uns heute Nacht jemand wiedererkennt, alles klar?"

5. Kapitel
Knochenmann jagt Superman

Die alte Frau Pfennig will gerade den Müll rausbringen, als Jannis und Jojo an ihr vorbeikommen. Aber kaum hat sie die beiden Jungen auf ihren Fahrrädern gesehen, klappt ihr vor Schreck die Kinnlade runter. Und als Jojo ihr zuwinkt, springt sie schnell hinter die Hecke zurück und hastet dann mit der Mülltüte wieder ins Haus.

An der Ecke zur Hauptstraße treffen sie ausgerechnet auf Pia, die Monster an der Leine hat und ihn spazieren führt. Bevor Pia etwas sagen kann, ruft Jannis ihr auch schon zu: „Keine Panik, wir sind's nur! Aber wir haben keine Zeit!"

Monster zerrt knurrend an der Leine und zeigt die Zähne. Pia hat alle Mühe, ihn festzuhalten, sonst würde er sich glatt auf die beiden stürzen.

 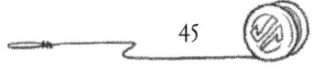

Als Jojo sich nach ein paar Metern noch mal umdreht, sieht er, wie sich Pia an die Stirn tippt. Und er ist sich sicher, dass sie damit nicht Monster meint, sondern Jannis und ihn!

Und als ihnen der Briefträger entgegenkommt und vor Schreck fast vom Fahrrad fällt, fängt Jojo langsam an, daran zu zweifeln, ob Jannis' Idee mit der Verkleidung wirklich so gut war.

Wobei Jannis eher ein bisschen albern aussieht, wie er da so als Superman verkleidet auf seinem Bananensattel-Fahrrad über den Fußweg düst. Wer die Leute in Angst und Schrecken versetzt,

ist eindeutig Jojo selbst. Das Kostüm, das Jannis ihm mitgebracht hat, ist nämlich eine Art schwarzes Trikot, auf das ein weißes Knochengerüst gedruckt ist. Zusammen müssen sie so aussehen, als würde Superman von einem Skelett verfolgt! Klar, dass da jeder Panik kriegt, denkt Jojo. Aber Superman-Jannis scheint nichts zu merken, sondern stemmt sich nur noch fester in die Pedale und macht ordentlich Tempo. Und Knochenmann-Jojo bleibt gar nichts anderes übrig, als ihn weiter zu verfolgen.

Als sie in den Kornblumenweg einbiegen, erinnert sich Jojo, dass er schon mal hier war. Auf irgendeinem Spaziergang mit Monster, den sie ja abwechselnd ausführen, um sich ein bisschen Taschengeld dazuzuverdienen. Und jetzt fällt ihm auch wieder ein, dass es hier irgendwo eine Hündin gab, wegen der Monster völlig verrücktgespielt hat! Eine Schäferhündin, die ein bisschen wie ein Wolf aussah und die mit einem einzigen Satz über den Zaun gesprungen ist, als sie vorbeikamen. Monster hat sich mindestens genauso erschreckt wie Jojo, als die Schäferhündin plötzlich knurrend und mit gesträubtem Nackenfell vor ihnen stand. Aber dann haben die beiden

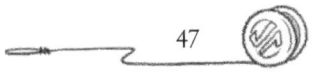

Hunde sich abgeschnuppert und im nächsten Moment hat sich Monster von der Leine losgerissen und die beiden Hunde sind laut kläffend den Fußweg hoch und runter gerannt, als würden sie sich schon ewig kennen.

Jannis fährt jetzt ein bisschen langsamer, weil er nach den Hausnummern Ausschau hält. „Hier ist es", sagt er gleich darauf, „Nummer 14. Aber der Briefkasten ist nicht am Gartentor, sondern neben der Haustür. Siehst du? Das ist natürlich blöd, wir müssen also …"

Weiter kommt er nicht. Weil nämlich plötzlich ein Hund hinter dem Zaun auftaucht und knurrend neben ihnen herläuft.

Jannis macht vor Schreck einen Schlenker, dass sie fast zusammenstoßen. Aber Jojo braucht nur einen kurzen Blick auf den Hund zu werfen und weiß Bescheid. Das ist die Schäferhündin vom letzten Mal!

Jannis stemmt sich wieder in die Pedale. „Mist", stößt er zwischen den Zähnen hervor. „Die Frau hat einen Hund, der frei rumläuft. Bloß weg hier!"

Sie halten erst an, als sie am Ende der Straße sind. „Was machen wir jetzt?", fragt Jannis,

immer noch außer Atem. „Mit dem bissigen Köter im Garten haben wir keine Chance, unbemerkt bis zum Briefkasten zu kommen. Das können wir vergessen."

„Können wir nicht", sagt Jojo. „Ich weiß, wie wir es machen."

„Nee, Alter", antwortet Jannis entsetzt, „ohne mich! So was klappt nur im Film! Und außerdem haben wir keine Ahnung, ob der Hund nicht vielleicht vorher schon was zu fressen gekriegt hat! Ich meine, stell dir mal vor, er hat gar keinen Hunger mehr, dann …"

Jojo braucht einen Moment, bis er kapiert, was Jannis überhaupt meint. Aber dann grinst er und boxt seinen Freund gegen den Arm. „Keine Panik, Mann! Ich rede doch gar nicht davon, dass wir hier mit ein paar blutigen Steaks angerückt kommen. Ich weiß was viel Besseres! Pass auf, ich erklär's dir …"

„Und du bist dir echt sicher, dass es derselbe Hund ist?", fragt Jannis, nachdem Jojo seinen Plan zu Ende erklärt hat.

„Hundertpro!"

Jannis nickt. „Okay, das könnte klappen. Gib mir fünf!"

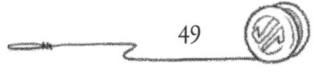

Sie klatschen sich ab und machen sich auf den Rückweg.

Erst als sie schon wieder fast zu Hause sind, sagt Jannis plötzlich: „Es klappt doch nicht! Monster war ja vorhin schon mit Pia draußen, erinnerst du dich? Und außerdem wird Pfennig Junior uns mit Sicherheit nicht erlauben, dass wir im Dunkeln mit Monster spazieren gehen."

„Daran hab ich auch schon gedacht", erwidert Jojo. „Aber lass mich mal machen! Hol mich einfach ab, wenn es dunkel wird, um den Rest kümmere ich mich."

Pfennig Junior ist der Besitzer von Monster. Er ist der Filialleiter des Supermarktes bei ihnen an der Ecke, und weil er immer wenig Zeit hat, ist er froh, wenn Jojo oder einer der anderen sich Monster aus dem Zwinger holt, um mit ihm Gassi zu gehen. Allerdings holen sie sich Monster normalerweise nur tagsüber, da hat Jannis schon recht …

Jannis scheint deshalb auch nicht gerade überzeugt von Jojos Antwort zu sein, aber er sagt nichts weiter, sondern hebt nur mit vielsagendem Blick die Hand zum Abschied, bevor er in seiner Garage verschwindet.

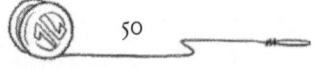

Jojo ist inzwischen selbst nicht mehr so begeistert von seinem Plan. Außerdem muss er seine Eltern gleich schon wieder anlügen, wenn alles klappen soll. Und wenn Pfennig Junior sie zufällig erwischt, wird es richtig Ärger geben!

Aber manchmal muss ein echter Detektiv einfach tun, was er tun muss, denkt Jojo. Und vielleicht geht ja auch alles gut.

Als er ins Haus kommt, weiß er im ersten Moment gar nicht, warum seine Eltern ihn anstarren, als wären sie kurz davor, um Hilfe zu schreien.

„W-was ist das denn?", fragt Sabine entsetzt und zeigt auf Jojos Kostüm.

Klar, er läuft ja immer noch als Knochenmann verkleidet durch die Gegend! „Keine Panik", sagt er beruhigend. „Ich bin's, euer Lieblingssohn! Und das Kostüm gehört Jannis. Wir waren nämlich auf Maulwurfjagd. Drüben bei Jannis im Garten. Jannis' Vater war auch dabei. Aber wir haben den Maulwurf trotzdem nicht gekriegt."

Wilfried schüttelt den Kopf, als würde er kein Wort verstehen. Und Sabine scheint ernsthaft zu überlegen, ob mit Jojo noch alles in Ordnung ist.

„Aber jetzt erzählt ihr doch erst mal", wechselt Jojo schnell das Thema, bevor seine Eltern irgend-

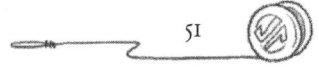

welche Fragen stellen können. „Sabines Handy ist wirklich geklaut worden?"

Die nächste halbe Stunde berichten Jojos Eltern ganz genau, was passiert ist. Obwohl sie eigentlich selbst nicht viel mehr wissen, als dass das Handy eben plötzlich weg war.

„Es kann eigentlich nur in dem Gedränge an der Kasse passiert sein", sagt Sabine zum Schluss noch mal. „Ich erinnere mich noch, dass mich da jemand angerempelt hat, aber er hat sich gleich entschuldigt. Ich glaube eigentlich nicht, dass er etwas damit zu tun hatte."

„Und wer hat dich angerempelt?", fragt Jojo. „Weißt du noch, wie er aussah? Wie alt war er? War er dick oder dünn?"

„Ganz normal eigentlich. Eher ein bisschen dicker. Und älter als du. Und blond."

„Ich erinnere mich auch an den Typen", sagt Wilfried. „Aber er war nicht blond. Er hatte dunkle Haare, da bin ich mir sicher. Dunkle Haare, die ihm bis über die Augen hingen. Und er war auffällig dünn. Und sehr groß!"

Das könnte auf Alex passen, denkt Jojo. Alex hat dunkle Haare, die vorne ziemlich lang sind. Aber seine Eltern kennen Alex ja …

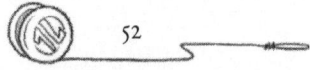

Und außerdem schüttelt Sabine gerade den Kopf und sagt: „Nein, so groß war er gar nicht. Aber blond! Das weiß ich genau."

„Erinnerst du dich vielleicht noch, was er anhatte?", fragt Jojo.

„Jeans und ein Kapuzenshirt", sagt Sabine wie aus der Pistole geschossen. „Schwarz mit irgendeiner Aufschrift drauf."

„Kein Kapuzenshirt", behauptet Wilfried. „Eine Baseballcap und eine Jacke. Und ohne Aufschrift. Aber mit einem Bild von irgendeiner Band – und grellgrüne Turnschuhe. Mit einem silbernen Streifen."

„Nein!", ruft Sabine. „Das stimmt nicht. Daran würde ich mich doch erinnern. Er hat mir sogar auf den Fuß getreten! Seine Turnschuhe waren … einfach schwarz, glaube ich."

Jojo verdreht die Augen. „Sagt mal, seid ihr sicher, dass ihr überhaupt im selben Laden wart?"

„Sehr witzig", antwortet Wilfried, obwohl er die Frage natürlich überhaupt nicht witzig findet.

Aber für Jojo ist schon klar, dass er so nicht weiterkommt. Mit der Personenbeschreibung, die seine Eltern gerade abgeliefert haben, kann der beste Detektiv nichts anfangen. Und fast tun

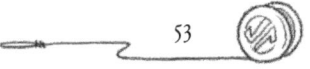

Jojo die Polizisten ein bisschen leid, denen Sabine und Wilfried ja vorhin wahrscheinlich genau dasselbe erzählt haben. Ein dicker Typ, der ziemlich dünn war. Eindeutig älter als Jojo, aber vielleicht auch erst im Kindergarten. Blond mit schwarzen Haaren. Und mit einem Kapuzenshirt. Aber vielleicht auch mit einer Jacke und einer Baseballcap. Ach ja, Turnschuhe hatte er ja auch noch an! Schwarze Turnschuhe, die grellgrün waren ...

Aber eigentlich ist es auch völlig egal, an was sich seine Eltern erinnern, denkt Jojo. Für ihn ist die Sache klar: Seine Mutter ist ein Opfer der Handyklauer-Bande geworden. Und Jannis und er sind der Bande bereits auf der Spur! Sie dürfen sich jetzt nur nicht durcheinanderbringen lassen, sondern müssen einen Schritt nach dem anderen machen. Genau wie sie es geplant haben. Und deshalb muss er auch leider noch mal eine kleine Notlüge anbringen, es geht einfach nicht anders.

„Da ist noch was, worüber ich mit euch reden wollte", sagt er. „Jannis hat vorgeschlagen, dass wir uns heute Abend bei ihm treffen, um ein bisschen in Ruhe zu quatschen. Und es wäre toll, wenn ich dann auch gleich bei ihm übernachten könnte. Ich darf doch, oder? Ihr wisst ja schließlich, wo ich bin."

Wilfried blickt zu Sabine.

„Von mir aus", sagt Sabine. „Es ist ja Samstag. Da müsst ihr morgen nicht zur Schule, sondern könnt ausschlafen."

„Aber komm bloß nicht auf die Idee, als Knochenmann verkleidet durch die Dunkelheit zu rennen", setzt Wilfried noch hinzu.

„Nein, ganz bestimmt nicht", verspricht Jojo. „Danke!"

Er rennt hoch in sein Zimmer, um sich umzuziehen. Als er das geklaute Handy unter der Matratze hervorholt und in die Tasche seiner Baggies schiebt, merkt er, dass ihm doch ein bisschen mulmig ist. Und er ist froh, dass er die Sache nicht alleine durchziehen muss. Wenigstens sind sie ja zu zweit, und Monster haben sie auch noch dabei. Es kann ihnen also eigentlich gar nichts passieren …

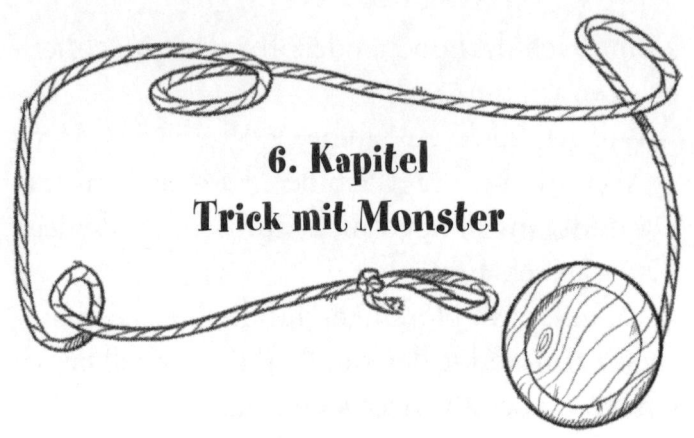

6. Kapitel
Trick mit Monster

Als sich Jojo und Jannis auf die Straße schleichen, ist es schon so dunkel, dass sie überall hinter den Wohnzimmerfenstern die Fernseher flackern sehen. Auch Jannis' Eltern sitzen auf dem Sofa und sehen sich irgendeinen Krimi an.

„Perfekt", flüstert Jannis. „Wir sind die einzigen Leute, die noch unterwegs sind. Ich wette, dass sogar die Polizei vorm Fernseher hockt!"

Auch auf der Hauptstraße ist kein einziges Auto unterwegs. Erst als sie schon fast am Supermarkt sind, knattert ein Moped an ihnen vorüber.

Jojo und Jannis laufen quer über den leeren Parkplatz zur Rückseite des Gebäudes, wo der Zwinger ist. Als Monster ihre Schritte hört, fängt er an zu bellen.

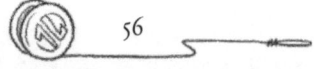

„Sei still, Monster", ruft Jojo leise, „wir sind's! Es ist alles in Ordnung."

Monster wedelt mit dem Schwanz und springt am Gitter hoch.

Jannis zeigt zu der Wohnung über dem Supermarkt hinauf. „Alles dunkel", flüstert er. „Es sieht so aus, als wäre Pfennig Junior nicht zu Hause. Sein Auto steht auch nicht auf dem Parkplatz. Wenn wir Glück haben, ist er den ganzen Abend weg und kriegt gar nicht mit, dass wir Monster mal kurz entführt haben …"

Jojo nickt und holt den Schlüssel aus dem Versteck. Als er die Tür aufmacht, kommt Monster wie eine Rakete aus dem Zwinger geschossen und rennt Jojo und Jannis fast um.

„Ja, ich freu mich auch, dich zu sehen", sagt Jojo und streicht ihm über das dicke Fell. Dann streift er Monster das Halsband über und nimmt ihn an die Leine.

Keine zwei Minuten später sind sie schon wieder über den Parkplatz und laufen an der Dönerbude und der dunklen Tankstelle vorbei. Das Problem ist nur, dass Monster an jedem Baum und an jeder Laterne anhält, um ausgiebig zu schnüffeln. Als er ungefähr zum fünfzigsten Mal

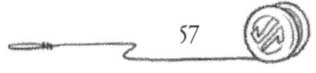

sein Bein hebt, stöhnt Jannis: „Mann, das dauert zu lange! So kommen wir ja nie an."

Jojo holt eine Tüte mit Leckerlis aus der Tasche seiner Baggies. „Bei Fuß, Monster", sagt er. „Los, zeig mal, was du kannst!"

Es klappt! Für den Rest des Wegs läuft Monster brav neben Jojo her. Allerdings ist auch die Tüte fast leer, als sie endlich in den Kornblumenweg einbiegen. Plötzlich bleibt Monster stehen und hebt schnüffelnd die Nase. Gleich darauf prescht er los und zerrt Jojo einfach an der Leine hinter sich her.

Jojo kann Monster kaum noch halten. „Nicht so schnell", sagt er immer wieder, während sie an den Vorgärten vorbeirennen.

„Hammer!", hört er Jannis dicht hinter sich keuchen. „Glaubst du wirklich, er hat die Hündin schon gerochen?"

„Hat er", antwortet Jojo außer Atem. „Merkst du doch!"

Genau vor dem Haus mit der Nummer 14 hält Monster wieder an. Jetzt winselt er so laut, dass sich Jojo nervös umsieht. Zum Glück sind alle Fenster dunkel und die Straße ist leer. Es ist niemand da, der sie sehen oder hören könnte.

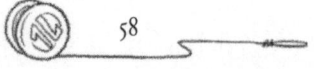

Und dann kommt auch schon die Schäferhündin um die Hausecke gefegt. Wie ein Schatten springt sie lautlos über den Zaun. Schwanzwedelnd begrüßt sie Monster, der sich vor Aufregung fast in der Leine verheddert.

„Okay", sagt Jojo und löst den Karabinerhaken an der Leine.

Sofort preschen die beiden Hunde dicht nebeneinander den Fußweg hinunter, bis sie nur noch zwei dunkle Flecken kurz vor der Baustelle am Ende der Straße sind.

Jojo klinkt das Gartentor auf und rennt geduckt zum Haus. Da ist der Briefkasten, gleich neben der Tür! Er zieht das Handy aus seiner Tasche und schiebt es durch den Schlitz. Als es im Briefkasten landet, klappert es so laut, dass Jojo vor Schreck zusammenzuckt. Das Geräusch muss auch die Frau im Haus gehört haben! Und Jojo muss machen, dass er wegkommt. Aber dann stolpert er über eine Gießkanne, die vor der Tür steht! Ein Schwall Wasser schwappt über seine Turnschuhe und die Gießkanne poltert die Stufen hinunter.

Ohne sich noch einmal umzusehen, hetzt Jojo zurück durch den Garten bis zum Tor. Und er ist

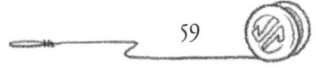

kaum wieder auf dem Fußweg, als hinter ihm das Licht angeht.

Jannis und Jojo können sich gerade noch hinter den Zaun ducken. Dann steht auch schon die Frau in der Tür und ruft: „Ist da jemand? Hallo?"

Jetzt pfeift sie nach ihrer Hündin. „Leica! Wo bist du? Hierher, sofort!"

Die Schäferhündin kommt mit hängender Zunge zurückgejagt. Monster ist dicht hinter ihr und scheint das Ganze für ein aufregendes Spiel zu halten. Laut bellend begrüßt er Jannis und Jojo, als hätte er sie schon ewig nicht mehr gesehen.

„Ist da noch jemand?", ruft die Frau vom Haus her und kommt die Stufen in den Garten hinun-

ter. „Was ist denn das für ein Gebell? Da ist doch ein fremder Hund …"

Jojo und Jannis blicken sich kurz an.

„Mist", sagt Jannis leise, „erwischt. Aber lass mich mal machen."

Sie richten sich beide auf, sodass die Frau sie sehen kann.

„Das ist unser Hund", erklärt Jannis. „Und das ist nicht witzig, wenn man hier nur mal in Ruhe spazieren gehen will und plötzlich springt ein wildfremder Hund über den Zaun. Wir haben echt Angst gehabt!"

„Das tut mir leid, Entschuldigung", sagt die Frau. „Aber Leica ist manchmal ein bisschen wild. – Leica, komm sofort her!"

Die Schäferhündin springt zurück über den Zaun. Monster bellt und winselt.

„Na ja", sagt Jannis. „Es ist ja nichts weiter passiert. Aber Sie sollten Ihren Hund vielleicht besser nicht frei rumlaufen lassen."

„Es tut mir wirklich leid", wiederholt die Frau. „Es ist nur so, dass ich manchmal ein bisschen Angst habe, weil ich ja hier ganz alleine wohne. Deshalb ist Leica im Garten, damit keine Fremden ins Haus kommen können."

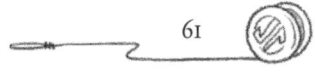

„Klar, verstehe ich", sagt Jannis. „Würde ich wahrscheinlich genauso machen. – Also, dann wünschen wir Ihnen noch eine gute Nacht! Auf Wiedersehen!" Er greift nach Monsters Halsband und zieht ihn mit sich, obwohl Monster eindeutig nicht versteht, warum sie jetzt schon wieder gehen sollen. Erst als Jojo schnell mit der Tüte knistert und ihm das vorletzte Leckerli hinhält, hört er auf, hinter der Schäferhündin herzuwinseln, und folgt den beiden Freunden.

Kaum ist die Frau außer Sicht, fangen Jannis und Jojo an zu rennen.

„Bloß weg hier!", ruft Jannis, während sie schon wieder auf die Hauptstraße einbiegen. „Mann, das wäre fast schiefgegangen! Aber ich glaube nicht, dass sie uns genau gesehen hat. Es war zu dunkel. Und wir waren zu weit weg."

„Aber wenn sie morgen das Handy im Briefkasten findet, braucht sie nur eins und eins zusammenzuzählen ..."

„Das nützt ihr nichts", versucht Jannis, ihn zu beruhigen. „Sie hat nur zwei Jungen gesehen, die einen Hund spazieren geführt haben. Und vielleicht ist sie ja so froh, ihr Handy zurückzuhaben, dass es ihr ganz egal ist, ob wir was damit zu

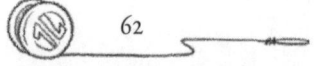

tun hatten oder nicht! Und jetzt lass uns schnellstens Monster zurück in den Zwinger bringen, bevor Pfennig Junior auftaucht. Das geklaute Handy sind wir jedenfalls erst mal los, und das ist das Wichtigste. Jetzt können wir die Bande festnageln! Dann haben wir endlich mal wieder einen Fall geknackt! Und zwar nur wir beide, ganz alleine! Ich wette, dass Fabian und Pia sich ganz schön ärgern werden, wenn wir den Fall ohne sie lösen. Was glaubst du? He, Partner, was ist los? Ich hab gerade gesagt ..."

Jannis redet ohne Pause, aber Jojo weiß, was mit seinem Freund los ist. Das ist die Erleichterung nach dem Schreck von eben. Und Jojo ist mindestens genauso froh wie Jannis, dass gerade noch mal alles gut gegangen ist!

Bei Pfennig Junior ist nach wie vor alles dunkel. Sie bringen Monster zurück in den Zwinger und hängen die Leine und das Halsband wieder an den Haken.

Plötzlich fragt Jannis: „Wir haben Samstagabend, richtig?"

„Ja, klar", antwortet Jojo. „Wieso?"

„Samstagabend. Und was würden wir um diese Zeit normalerweise machen?"

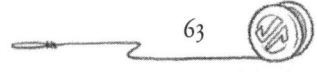

„Keine Ahnung. Schlafen wahrscheinlich. Auf jeden Fall wären wir zu Hause, weil uns unsere Eltern nie erlauben würden, jetzt noch draußen rumzurennen."

„Bingo! Aber wenn wir so drei oder vier Jahre älter wären, dann dürften wir noch raus."

Jojo versteht immer noch nicht, was sein Freund meint.

„Mann", stöhnt Jannis. „Du bist aber echt ein bisschen lahm in der Birne. Ist doch ganz einfach! Wen kennen wir, der ungefähr drei oder vier Jahre älter ist als wir?"

Jojo überlegt kurz. „Eigentlich nur Alex", sagt er dann. „Und seine Kumpels …"

„Genau. Und wir wissen, dass sie sich in unserem alten Doppeldeckerbus treffen. Aber nur …"

„Wenn sie sich sicher sind, dass wir nicht da sind", bringt Jojo den Satz zu Ende. „Also zum Beispiel nachts. Oder spätabends, wie gestern. – Jetzt weiß ich, was du vorhast!", ruft er im nächsten Moment.

Jannis grinst. „Wir schleichen zum Versteck, belauschen die Bande, bis wir genug Informationen haben, und sind ruckzuck wieder bei mir im Zimmer. Was ist, Partner, bist du dabei?"

„Natürlich bin ich dabei", sagt Jojo und klatscht sich mit Jannis ab. Obwohl er im Stillen seine Zweifel hat, dass die Aktion wirklich sinnvoll ist. Aber andererseits hat Jannis schon recht. Je eher sie etwas über die Bande herausbekommen, desto besser! Und ein echter Detektiv muss auch mal ein Risiko eingehen, sonst kann er seinen Job gleich an den Nagel hängen ...

„Los", sagt Jannis, „es gibt viel zu tun. Packen wir's an!"

Sie laufen die paar Meter bis zur Tankstelle und schleichen sich dann um die Werkstatt herum bis zu der Mauer, hinter der der Schrottplatz ist. Oben auf der Mauer ist Stacheldraht, aber sie kennen natürlich beide den alten Baum, dessen dicke Äste über die Mauer hinweg genau bis auf den Schrottplatz ragen.

Jojo verschränkt die Hände zu einer Räuberleiter und drückt Jannis nach oben, bis er an den ersten Ast kommt. Dann zieht sich Jojo selbst hoch. Und keine Minute später sind sie auf dem Schrottplatz!

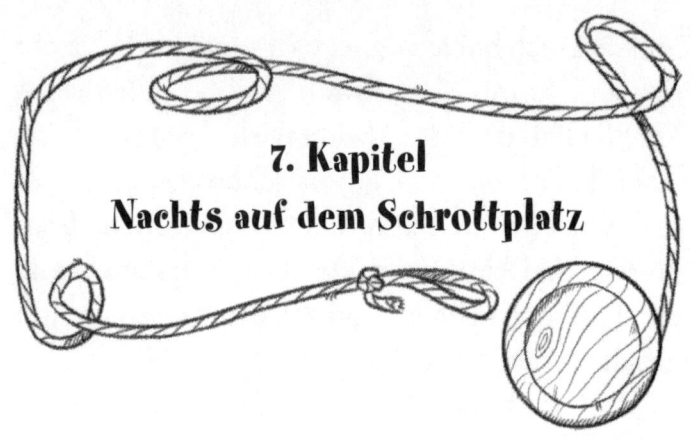

7. Kapitel
Nachts auf dem Schrottplatz

Im Mondlicht sieht der Schrottplatz so gespenstisch aus, dass Jojo am liebsten wieder kehrtmachen würde. Und als Jannis über eine Stoßstange stolpert, die halb verborgen unter dem Unkraut liegt, sagt Jojo: „Hör mal, wollen wir das Ganze nicht vielleicht lieber lassen? Ich meine, es ist echt schon spät, und irgendwie bin ich auch ein bisschen geschafft von der Aktion mit Monster. Ich weiß auch nicht genau, was mit mir los ist. Vielleicht kriege ich ja eine Grippe oder so."

„Ich kann dir sagen, was mit dir los ist", antwortet Jannis, während er der Stoßstange einen Tritt verpasst. „Du hast Schiss, das ist los!"

„Quatsch, ich doch nicht!", sagt Jojo, obwohl Jannis natürlich völlig recht hat. Es ist ein gewaltiger Unterschied, ob sie nachmittags durch das Gebüsch am Rand des Schrottplatzes zu ihrem Versteck kriechen – oder ob sie mitten in der Nacht quer über den ganzen Platz laufen!

Im nächsten Moment zieht er Jannis schnell hinter ein Autowrack und duckt sich.

„Was ist los?", will Jannis wissen. „Hast du was gesehen? Jetzt sag doch endlich was!"

„Du hattest recht", antwortet Jojo nur. „Da sind sie!" Er zeigt zum Doppeldeckerbus hinüber, der wie eine schwarze Wand hinter den anderen Schrottautos aufragt. „Da ist jemand in unserem Bus, siehst du das Licht? Das ist eindeutig eine Taschenlampe!"

„Hammer", flüstert Jannis. „Jetzt haben wir sie!"

Seine Stimme klingt, als hätte er selbst nicht damit gerechnet, dass die Bande wirklich auftaucht. Jetzt können sie nicht mehr kneifen, so viel ist klar. Auch wenn Jojo ein verdammt ungutes Gefühl hat, als sie durch das kniehohe Unkraut auf den Bus zuschleichen. Irgendetwas sagt ihm, dass sie gerade einen Fehler machen, den sie noch bereuen werden …

Aber zunächst geht alles gut. Ein paarmal sehen sie noch die Taschenlampe hinter den Bus-

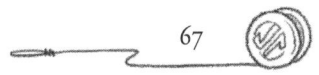

fenstern aufblitzen, und als sie schon fast da sind, hören sie auch Stimmen. Die Bande ist nicht besonders leise, als wären die Typen sich absolut sicher, dass sie alleine sind. Und es klingt, als hätten sie gerade Streit!

„Sie sind hinten an der Tür", flüstert Jannis. „Und sie sind nicht im Bus, sondern draußen. Was machen wir jetzt? Wir müssen irgendwie näher ran, aber …"

„Wir kriechen unter den Bus", flüstert Jojo zurück.

Geduckt schleichen sie weiter, bis sie direkt unter den Fenstern sind. Jojo nickt Jannis zu und kriecht los. Sehr gemütlich ist es nicht unter dem Bus. Es gibt jede Menge Spinnweben, die Jojo das Gesicht verkleben. Außerdem liegen überall leere Flaschen und zerbeulte Coladosen herum, aber wenigstens ist es trocken.

Einmal meint Jojo, irgendein kleines Tier davonhuschen zu hören, vielleicht eine Maus. Aber vielleicht irrt er sich auch. Dann ist er fast auf der anderen Seite. Ungefähr einen Meter vor sich kann er die Beine von einem aus der Bande erkennen, der wahrscheinlich auf den Trittstufen sitzt.

Als er die Turnschuhe sieht, hält er unwillkürlich den Atem an. Die Turnschuhe sind neongrün, mit einem silbernen Streifen auf der Seite! Genau wie die Turnschuhe, die sein Vater heute beschrieben hat …

Jannis schiebt sich neben ihn. In der Dunkelheit wirkt sein Gesicht wie eine bleiche Maske, die Augen und der Mund sind schwarze Löcher.

Jetzt steht der Typ mit den Turnschuhen auf und Jojo sieht auch die Beine der anderen, die vor dem Bus sind. Im nächsten Moment glaubt Jojo, dass er träumt. Sie haben alle die gleichen Turnschuhe an! Neongrün und mit silbernen Streifen auf der Seite …

Dann sagt einer von ihnen etwas. Jojo erkennt die Stimme sofort. Das ist Alex!

„Vergiss es", sagt er. „Da mach ich nicht mit. Auf so was steh ich nicht."

„Du kannst jetzt nicht mehr aussteigen", erwidert einer von den anderen. Vielleicht der Typ, der vorher auf den Stufen gesessen hat. „Die verlassen sich auf uns! Und das ist unsere Chance, Leute!"

„Hör auf, Leon!", sagt jetzt eine dritte Stimme. „Ich weiß überhaupt nicht, was du da laberst!"

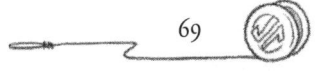

69

„Ach nee, ich labere also?" Der Typ, der offensichtlich Leon heißt, brüllt jetzt fast, so wütend ist er: „Vielleicht denkt ihr mal dran, was ich euch alles besorgt habe!"

„Hat dich keiner drum gebeten", kommt es von Alex.

„Aber genommen habt ihr die Sachen gerne, wenn ich mich nicht täusche! Und ihr habt echt gedacht, neue Sneaker für jeden gibt's umsonst? Nee, Leute, der Deal war von vornherein klar. Jetzt müssen wir auch was dafür tun!"

Im nächsten Moment brüllen sie alle durcheinander und Jojo und Jannis können unmöglich herausbekommen, worum es wirklich geht. Fast sieht es sogar so aus, als würde die Bande gleich anfangen, sich zu prügeln!

Bis Alex plötzlich sagt: „He, kommt mal wieder runter, Leute. Wenn Leon sich hier wichtigmachen will, ist das seine Sache. Ich will jedenfalls nichts damit zu tun haben."

„Genau", sagt einer von den anderen. „Das kannst du vergessen, Leon."

„Aber ihr könnt mich nicht einfach hängen lassen!", ruft Leon noch mal. „Außerdem weiß ich überhaupt nicht, was ihr wollt! Wo ist euer Problem? Habt ihr Schiss oder was? Es ist doch kein Ding, mal eben in der Schlange an der Kasse ein Handy abzugreifen! Dabei fällt mir übrigens gerade ein, dass mein Handy weg ist. Seit gestern. Ich muss es hier irgendwo verloren haben. Oder hat es einer von euch?"

Einen Moment lang sind alle still. Dann fängt Alex an zu lachen. „Wie jetzt, dein Handy ist weg? Dann musst du dir wohl ein neues besorgen! Aber das machst du mal schön alleine. Du weißt ja, wie es geht."

Jetzt lachen auch die anderen. Und dann drehen sie sich plötzlich um und gehen. Sie lassen Leon einfach stehen und sind gleich darauf in der Dunkelheit verschwunden.

Wütend kickt Leon eine leere Coladose unter den Bus. Die Dose landet haarscharf vor Jojos Gesicht, ein paar klebrige Tropfen spritzen ihm ins Gesicht. Jannis und Jojo hören, wie Leon in den Bus steigt und direkt über ihren Köpfen hin- und herläuft, als würde er etwas suchen.

Sein Handy vielleicht, denkt Jojo. Oder er will etwas verstecken und weiß nicht, wo …

Jannis stößt ihn mit dem Ellbogen an. „Lass uns abhauen", flüstert er.

„Warte noch …"

Die Schritte über ihnen nähern sich wieder der Tür. Gleich darauf springt Leon aus dem Bus und rennt in die Richtung, in der auch die anderen verschwunden sind.

Jojo und Jannis warten, bis der Lichtkegel der Taschenlampe nicht mehr zu sehen ist. Dann kriechen sie unter dem Bus hervor.

„Sollen wir ihn verfolgen?", fragt Jannis. „Vielleicht kriegen wir raus, wo er hinwill. Oder was er jetzt macht."

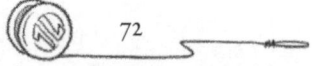

Jojo zögert. „Ich weiß nicht. Mich würde vor allem interessieren, was er gerade im Bus gemacht hat ...“

„Oh Mann, wenn wir noch lange quatschen, ist er weg! Ich sag dir, was wir tun. Ich renn alleine hinter ihm her. Wir treffen uns bei mir zu Hause, alles klar?“

„Aber sei vorsichtig“, sagt Jojo. „Er darf dich nicht sehen!“

„Verlass dich auf mich, Partner!“ Jannis stürzt in die Dunkelheit davon.

Jojo holt tief Luft. Ganz fair war das gerade nicht von ihm. Er hätte Jannis nicht alleine loslaufen lassen dürfen, so viel ist klar. Aber er hat einfach keine Lust mehr, durch die Dunkelheit zu stolpern. Wer weiß, was Leon vorhat! Und Jojo hat immer noch dieses blöde Gefühl, dass irgendetwas ganz und gar nicht stimmt.

Jojo blickt sich noch mal um, dann steigt er in den Bus. Er tastet sich durch den Gang bis zum Fahrerplatz. Wenn er sich vorhin nicht getäuscht hat, ist auch Leon einmal von hinten nach vorne durch den Bus gelaufen.

Als Jojo schon undeutlich das große Lenkrad ausmachen kann, stößt er mit dem Fuß gegen

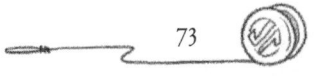

irgendetwas, das raschelnd zur Seite rutscht. Jojo bleibt ganz still stehen. Wenn ich jetzt ein Handy hätte, denkt er, dann könnte ich das Display als Taschenlampe benutzen!

Er muss sich gleich morgen eine Notiz machen für seine Liste *Warum ein Handy unbedingt überlebensnotwendig ist.* Wenn man zum Beispiel nachts in einem stockfinsteren Schrottbus steht und mit dem Fuß gegen etwas stößt, das man nicht erkennen kann ...

Jojo schielt vorsichtig nach unten. Da ist etwas Viereckiges unter der Bank, wie ein kleiner Kasten. Und oben quillt irgendein komisches Zeug heraus. Schaum? Jojo bückt sich, streckt vorsichtig die Hand aus – und packt zu! Das Ding fühlt sich an wie ... aus Pappe! Ein Karton! Ein leerer Karton, sonst nichts.

Als er den Karton hochhebt und in den schwachen Lichtschein hinter der Scheibe hält, muss er fast lachen. Ein Glück, dass Jannis nicht bei ihm ist. Sonst würde er garantiert demnächst allen erzählen, wie Jojo nachts ganz alleine einen leeren Karton überwältigt hat. Einen Schuhkarton ohne Deckel, in dem zusammengeknülltes Seidenpapier ist, das bei jeder Bewegung raschelt.

Noch bevor Jojo die Aufschrift auf der Seite entziffert hat, weiß er schon, was für Schuhe in dem Karton waren: grellgrüne Sneakers mit silbernen Streifen! Und als er sich in den Fußraum vor dem Fahrersitz beugt, sieht er auch die anderen Kartons. Vier Stück, genauso viele, wie Leute in der Bande sind.

Wahrscheinlich haben sie die Schuhe heute Abend erst untereinander verteilt, überlegt Jojo, und nach dem Streit hat Leon nur schnell versucht, die Kartons zu verstecken. Dass die Schuhe jedenfalls nicht in einem Laden gekauft wurden, ist ja wohl klar. Dazu passt auch, dass Leon vorhin von einem „Deal" geredet hat. Sie haben jeder ein paar fabrikneue Sneakers bekommen und jetzt sollen sie irgendetwas dafür tun. Wozu Alex und die anderen aber keine Lust haben. Bleibt die Frage, denkt Jojo, mit wem Leon diesen Deal gemacht hat. Und was genau das überhaupt für ein Deal ist. Das müssen sie rauskriegen!

Er nimmt einen der Kartons und reißt vorsichtig die Seite ab, auf der die Beschriftung mit dem Preis und dem Strichcode ist. Vielleicht können sie damit die Spur bis zu dem Laden verfolgen, aus dem die Schuhe gestohlen wurden.

Jojo steigt aus dem Bus und will gerade den Weg zu ihrem Geheimgang einschlagen, als er ein Geräusch hört. Es klingt, als würde irgendjemand laut schluchzen.

„Hör endlich auf zu flennen!", brüllt gleich darauf eine Stimme. „Los jetzt, wir müssen reden! Oder soll ich erst Gewalt anwenden, bevor du mitkommst?"

Das ist die Stimme von diesem Leon! Gleich darauf sieht Jojo auch wieder den Taschenlampenkegel, der genau auf den Bus zukommt. Er kann sich gerade noch in das Gebüsch neben ihm drücken, dann ist Leon auch schon da. Und er ist nicht alleine! Er stößt jemanden vor sich her, der deutlich kleiner ist als Leon und der sich wehrt und wild um sich schlägt und der immer wieder laut aufschluchzt: „Lass mich endlich in Ruhe, Mann! Ich hab nichts gemacht! Ich weiß auch nichts!"

Jannis! Leon hat Jannis erwischt! Und jetzt schleppt er ihn zum Bus, um ihn zu verhören. Oder noch Schlimmeres! Vielleicht verprügelt er ihn auch gleich …

8. Kapitel
Jannis sitzt in der Falle

Jojo weiß nicht, was er tun soll. Doch, natürlich weiß er es! Er müsste jetzt brüllend aus dem Gebüsch kommen und sich auf Leon stürzen. Es könnte sogar klappen! Der Überraschungseffekt wäre jedenfalls ganz klar auf seiner Seite. Er müsste Leon volle Pulle vors Schienbein treten, und wenn der dann Jannis vor Schreck losließe, könnten sie schnell abhauen. Durch ihren Geheimgang, den Leon unter Garantie nicht kennt!

Aber er traut sich nicht. Er hat Angst vor Leon. Leon ist viel größer und stärker. Wenn er Jojo auch noch erwischt, dann sind sie beide dran! Er und Jannis. Und dann gibt es niemanden, der ihnen helfen kann. Weil ja auch niemand weiß, was passiert ist! Oder wo sie überhaupt sind …

Außerdem ist es sowieso schon zu spät. Leon stößt Jannis gerade die Stufen hoch in den Bus. „Und jetzt redest du!", hört Jojo ihn wieder schreien. „Wieso bist du hinter mir her? Was weißt du? Bist du alleine oder gibt es noch jemanden, der hier den neugierigen Zwerg spielt? Los, Mann, ich will eine Antwort! Sofort!"

Obwohl ihm vor Angst die Knie zittern, schleicht sich Jojo wieder näher heran und drückt sich in den Schatten an der Rückseite des Busses.

„Ich weiß nichts", hört er Jannis jammern. „Echt, Mann, ich schwöre! Ich wollte nur nach Hause! Und ich hab mich verlaufen, weil ja auch alles dunkel ist und so, und plötzlich war ich auf dem Schrottplatz und dann …"

„Das kannst du deiner Oma erzählen! Ich bin doch nicht blöd. Du hast mich verfolgt!"

„Aua, Mann, du tust mir weh. Lass mich los! Ich sag dir ja alles, aber du musst mich loslassen …"

Jojo hält vor Aufregung den Atem an.

„Ich hab da so was läuten gehört", redet Jannis weiter. „Aber du darfst es niemandem erzählen! Meine Kumpels wissen auch nichts davon."

„Wovon?", fragt Leon. „Ich kapiere überhaupt nichts. Jetzt red mal Klartext, Mann!"

78

„Also, ich arbeite doch als Detektiv, weißt du ja vielleicht. Und ich habe gerade einen Auftrag. Mehr kann ich dir dazu nicht sagen, das ist ja klar, weil ich meine Informanten schützen muss. Aber es geht um eine Bande, die …"

„Eine Bande? Mann, spuck's aus! Was genau weißt du?"

„Schwörst du, dass du keinem was erzählst? Du musst es schwören, sonst sage ich gar nichts mehr."

„Ich schwöre, okay, aber jetzt red endlich!"

Jojo ist kurz davor, aufzuspringen und laut loszuschreien: „Achtung, Achtung, hier spricht die Polizei! Der Bus ist umstellt. Kommen Sie mit erhobenen Händen heraus! Jede Gegenwehr ist zwecklos!" Irgend so was, nur um Leon abzulenken und zu verhindern, dass Jannis sich gleich um Kopf und Kragen redet.

Aber der nächste Satz, den Jannis sagt, verblüfft ihn mindestens genauso wie Leon: „Also, das ist so eine Bande, die klaut hier überall … Fahrräder!"

„Fahrräder?"

„Ja. Diese Dinger, auf denen man so rumfahren kann, mit zwei Reifen und einem Sattel und

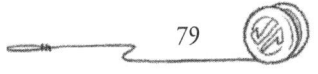

79

einem Lenker, hast du bestimmt schon mal gesehen."

„Sag mal, willst du mich verkackeiern? Was redest du denn da?"

„Hä? Du hast doch gesagt, dass du wissen willst, worum es geht! Also, pass auf. Die klauen überall Fahrräder und ich bin hinter ihnen her. Ich hab auch schon eine echt heiße Spur! Ich glaube nämlich, dass sie die geklauten Räder hier auf dem Schrottplatz verstecken. Wäre ja auch logisch, weil natürlich keiner darauf kommt, zwischen den ganzen Autowracks nach Fahrrädern zu suchen. Kannst du mir folgen?"

„Du lügst doch! Das stimmt doch alles überhaupt nicht!"

„Doch, es ist wahr, glaub mir! Deshalb war ich ja auch hier. Und als ich dich gesehen habe, hab ich natürlich gedacht, du wärst einer von der Bande! Aber bist du nicht, hab ich schon kapiert. Und wenn du willst, können wir ja jetzt auch zusammen den Schrottplatz absuchen, bis wir das Versteck finden ..."

Jojo hat genug gehört. Er bewundert Jannis fast ein bisschen, dass er so cool ist und Leon die Geschichte von den Fahrradklauern aufgetischt

hat. Selbst wenn Leon ihm nicht glaubt, hält er Jannis jetzt wahrscheinlich für einen kleinen Spinner und lässt ihn hoffentlich gleich wieder laufen. Womit klar ist, dass Jojo schnellstens verschwinden muss! Bevor Leon ihn durch Zufall noch entdeckt und die ganze Sache auffliegt.

Er wartet also auch nicht mehr ab, was als Nächstes passiert, sondern hetzt durch ihren Geheimgang zwischen den Dornenbüschen zurück zur Straße. Dann rennt er weiter bis zu der Litfaßsäule an der nächsten Ecke, von wo aus er schon ihre Häuser sehen kann. Die Litfaßsäule bietet ihm genug Deckung, falls Leon vielleicht hinter Jannis herkommt, um ihn zu beobachten …

Jojo ist überzeugt, dass Jannis jeden Moment aus der Dunkelheit auftauchen muss.

Aber dann dauert es immer länger und Jannis kommt nicht. Jojo macht sich Vorwürfe, dass er seinen Freund im Stich gelassen hat. Wer weiß, was da auf dem Schrottplatz gerade passiert! Er hätte auf keinen Fall wegrennen dürfen, das war absolut bescheuert.

Wenn er jetzt ein Handy hätte, könnte er einfach die Polizei anrufen, denkt er. Er überlegt kurz, ob er zurück zum Schrottplatz rennen soll.

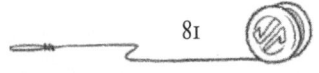

Vielleicht ist Leon ja inzwischen verschwunden, und Jannis liegt gefesselt und geknebelt im Bus und wartet auf Hilfe.

„Das ist alles Quatsch", sagt Jojo laut und schüttelt ärgerlich den Kopf, als müsste er sich selbst überzeugen, dass es nur eine einzige Lösung gibt: Er muss zu sich nach Hause gehen und seine Eltern wecken. Auch wenn er dann unter Garantie richtig Ärger bekommt. Aber jetzt geht es nur noch darum, Jannis zu retten!

Jojo beißt die Zähne zusammen und will gerade loslaufen, als er Schritte hört. Er drückt sich ganz dicht an die Litfaßsäule. Die Schritte kommen immer näher, jetzt kann Jojo auch den Schatten auf dem Fußweg erkennen. Im Schein der nächsten Straßenlaterne sieht er, dass es tatsächlich Jannis ist, der den Weg entlangsprintet, als wäre ein ganzes Rudel wilder Hunde hinter ihm her. Aber da ist sonst niemand.

„He, Jannis!", ruft Jojo und löst sich aus dem Schatten der Litfaßsäule. „Mann, Alter, ich hab schon gedacht, es wäre irgendwas passiert! Was war los?"

Jannis reagiert nicht. Er rennt einfach an Jojo vorbei und biegt keuchend in ihre Straße ab.

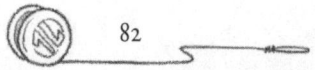

Jojo spurtet los, bis er den Freund wieder eingeholt hat. „Jetzt sag schon, was war noch? Ich hab mir echt Sorgen gemacht! Aber deine Geschichte mit den Fahrradklauern war cool. Ich hab nämlich noch mitgekriegt, wie du diesen Leon reingelegt hast. Echt stark. Und, hat er es dir geglaubt?"

Jetzt sind sie an Jannis' Haus. Jannis gibt immer noch keine Antwort. Er klinkt nur die Gartenpforte auf und läuft weiter um das Haus herum zur Terrasse.

Jojo folgt ihm und fragt noch mal: „He, warum sagst du nichts? Was war los?"

„Psst", macht Jannis und legt einen Finger an die Lippen. Geduckt schleichen sie am Wohnzimmerfenster vorbei. Jannis' Eltern hocken noch immer vor dem Fernseher. Die beiden Freunde klettern durch das angelehnte Fenster in Jannis' Zimmer. Jannis lässt sich auf sein Bett plumpsen und starrt an die Decke.

„Was soll das?", fragt Jojo. „Mann, ich weiß schon, dass ich vorhin einfach abgehauen bin und auch nichts gemacht habe, um dich da rauszuholen, aber ich dachte … Es tut mir leid. Ich dachte wirklich, er lässt dich gleich wieder lau-

fen. He, können wir jetzt vielleicht einfach mal reden? Ich hab nämlich noch was rausbekommen, was dich interessieren dürfte. Aber erst mal erzählst du!"

„Ich sage gar nichts", erwidert Jannis leise. „Lass mich in Ruhe. Ich will schlafen." Jannis dreht sich auf die Seite und zieht sich die Decke über den Kopf.

Gleich darauf klopft es vorsichtig an der Tür. „Ist alles okay bei euch?", fragt Jannis' Mutter. „Wir gehen jetzt nämlich ins Bett."

„Alles klar!", ruft Jojo zurück. „Jannis schläft schon. Gute Nacht, bis morgen."

Dabei ist überhaupt nichts klar. Und Jojo würde mal wieder am liebsten heulen, weil er keine Ahnung hat, was eigentlich los ist. Das Einzige, was er weiß, ist, dass noch irgendetwas passiert sein muss, als Jannis alleine mit Leon im Bus war. Und dass er von Anfang an recht hatte mit seinem komischen Gefühl, als sie im Dunkeln über den Schrottplatz geschlichen sind. Bevor dann so gut wie alles schiefgegangen ist, was nur schiefgehen konnte!

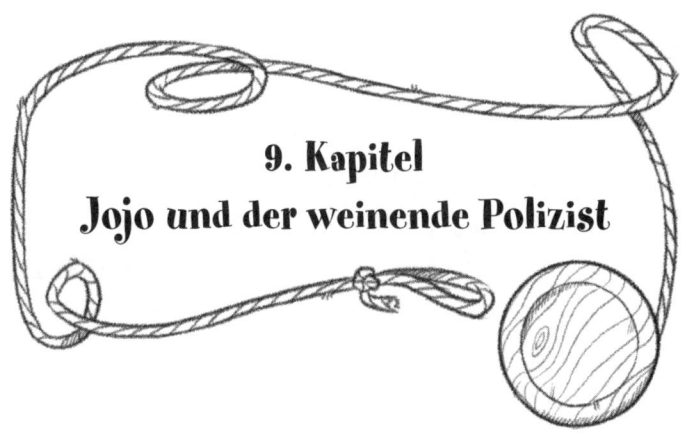

9. Kapitel
Jojo und der weinende Polizist

Jojo träumt. Er braust in seinem knallroten Ford Mustang mit Vollgas über eine endlose Landstraße am Meer entlang. Er hat eine verspiegelte Sonnenbrille auf und kaut Kaugummi. Er muss so schnell wie möglich seinen besten Kumpel retten, der ihm vorhin eine SMS geschickt hat.

HOL MICH HIER RAUS, hat der Kumpel geschrieben. *WENN DU NICHT KOMMST, BIN ICH GELIEFERT. JEDE SEKUNDE ZÄHLT*. Mehr nicht. Keine Adresse. Kein Hinweis, wo der Kumpel überhaupt ist.

Zum Glück hat Jojo eine Freundin bei der Polizei, die das Handy für ihn geortet hat. „Der Ort, an dem sie ihn gefangen halten, ist ziemlich weit weg", hat sie Jojo erzählt. „Aber du brauchst

 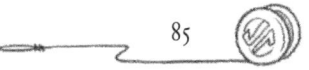

immer nur geradeaus zu fahren, bis du rechts die Turnschuhfabrik siehst. Da ist es!"

Jojo drückt das Gaspedal bis zum Anschlag durch. Gleich darauf hört er hinter sich das Jaulen einer Sirene. Mist! Die Polizei ist hinter ihm her. Und die Spritanzeige des Mustangs steht schon fast auf null. Als der Motor anfängt zu stottern, überholt ihn der Polizeiwagen und stoppt ihn. Ein Sheriff kommt auf Jojo zugestiefelt, die Hand am Pistolenhalfter.

„Sorry, Mister", sagt Jojo in seinem besten Englisch. „Aber ich hab gerade keine Zeit für einen kleinen Schwatz unter Freunden. Ich bin Privatdetektiv und muss meinen Partner retten. I'm a privat eye, you know?"

Der Polizist zieht seine Waffe. „Hands up!", sagt er und fuchtelt mit seinen Handschellen vor Jojos Nase herum.

Aber Jojo bleibt ganz ruhig und holt sein Handy aus der Tasche. „Wait a moment, please", erklärt er. „Ohne meinen Anwalt sage ich gar nichts." Er ruft die Nummer an, die unter „Notfall" gespeichert ist.

Seine Mutter meldet sich. „Ja, Jojo, was ist los? Wo bist du? Wir warten schon mit dem Mittagessen auf dich! Wo bleibst du denn?" Und dann fängt sie plötzlich an zu weinen! – Nein, stimmt gar nicht, das ist der Polizist, der laut schluchzt: „Ich sage nichts. Ich schwöre! Ich weiß doch auch gar nichts. Ich wollte nur nach Hause und dann habe ich mich verlaufen."

Moment, das hat Jojo doch schon mal gehört! Er will aus dem Mustang steigen, um den Polizisten zu beruhigen. Aber irgendwas stimmt nicht. Jojo schafft es nicht, vom Sitz hochzukommen, egal wie sehr er sich anstrengt. Seine Beine sind in etwas eingewickelt. Als er sich mit einem Ruck zur Seite dreht, ist da plötzlich ein Abgrund – und Jojo kracht mit voller Wucht auf den Fußboden!

Er braucht einen kleinen Moment, bis er weiß, wo er ist. Er liegt mit seinem Schlafsack auf dem Teppich in Jannis' Zimmer. Und natürlich gibt es auch keinen Polizisten, der gerade einen Nervenzusammenbruch hat, sondern das Weinen kommt von Jannis!

Jojo kriecht aus dem Schlafsack und rüttelt seinen Freund vorsichtig an der Schulter. „He, Jannis, aufwachen! Ich bin's nur, Jojo!"

„Ich sage nichts", jammert Jannis schon wieder. „Kein Wort! Von mir erfährt keiner was."

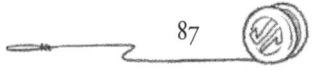

„Ist ja gut", sagt Jojo. „Du hast geträumt. Es ist alles okay …" Er knipst die Lampe hinter Jannis' Bett an.

Jannis schluchzt noch einmal, dann macht er endlich die Augen auf und starrt Jojo an, als hätte er ihn nie zuvor gesehen.

„Du hast schlecht geträumt", wiederholt Jojo beruhigend. „Du bist bei dir zu Hause. Ich bin bei dir. Jojo! Weißt du noch? Dein bester Kumpel! Und jetzt redest du einfach mal."

Jannis schüttelt den Kopf.

„Nee, Alter", sagt Jojo. „So geht das nicht. Entweder sind wir Partner oder … Egal, du weißt genau, was ich meine. Partner vertrauen einander! Klar?"

Jannis dreht den Kopf zur Seite, als wolle er Jojo nicht mehr sehen. Als sei Jojo an allem schuld und würde ihn echt nerven!

Er hat vor irgendetwas Angst, denkt Jojo. Und das muss mit Leon zu tun haben!

„Okay", sagt er. „Ich mach dir einen Vorschlag: Ich erzähl dir erst mal, was ich rausgekriegt habe. Und danach bist du dran. Wenn wir den Fall klären wollen, brauche ich deine Hilfe. Alleine schaff ich das nicht. Ich muss alles wissen, kapierst du?"

Jannis reagiert nicht.

Jojo holt tief Luft und fängt an zu erzählen. Von den Schuhkartons, die er gefunden hat. Und dass er glaubt, dass Leon den anderen die Turnschuhe irgendwo besorgt hat.

„Er hat sie geklaut, um genau zu sein", sagt Jojo. „So viel ist klar. Aber ich kapiere nicht, von was für einem Deal er geredet hat, bei dem die anderen dann nicht mitmachen wollten. Worum geht es da? Und was haben die geklauten Turnschuhe mit den geklauten Handys zu tun? Da komme ich einfach nicht weiter, verstehst du? Wir wissen, dass sie alle ziemlich neue Handys haben, und wir können davon ausgehen, dass nicht nur das Handy geklaut war, das wir gestern Abend zurückgebracht haben, sondern auch die anderen. Und wir wissen auch, dass es einer von der Bande war, der meiner Mutter das Handy geklaut hat. Mein Vater konnte sich genau an die grünen Turnschuhe erinnern! Aber da sie alle die gleichen Turnschuhe haben, wissen wir natürlich nicht, wer von ihnen es war. Nein, warte", setzt er nach kurzem Überlegen hinzu, „Alex kann es nicht gewesen sein, weil meine Eltern ihn erkannt hätten. Aber das heißt noch lange nicht, dass

Alex keine Handys klaut. Er gehört zur Bande, und wahrscheinlich sind sie einzeln unterwegs, um nicht so aufzufallen … Mann, Jannis, jetzt sag doch endlich mal was!"

„Ich musste schwören, dass ich nicht rede", antwortet Jannis so leise, dass Jojo ihn kaum versteht. „Sonst bin ich dran! Leon hat gesagt, er findet mich überall. Und wenn ich nicht den Mund halte, macht er mich fertig … Am Anfang dachte ich ja auch, dass er mir die Geschichte mit den Fahrradklauern einfach abnimmt, aber dann guckte er plötzlich so komisch und flippte ziemlich aus. Mann, hatte ich Schiss! – Aber ich hab trotzdem nicht verraten, dass wir die Bande belauscht haben", sagt er dann plötzlich und klingt schon fast wieder wie der alte Jannis, der sich nicht so leicht einschüchtern lässt. „Leon weiß gar nichts davon, dass wir unter dem Bus gelegen haben."

„Gut gemacht, Alter! Mit anderen Worten: Er weiß überhaupt nichts! Er kennt nur die Geschichte, die du ihm aufgetischt hast. Und er hat Bammel, dass du doch mehr mitgekriegt haben könntest, deshalb droht er dir. Wir sind ihm also einen Schritt voraus! Jetzt müssen wir nur ganz genau überlegen, was wir als Nächstes machen. Ich fürchte, die Sache ist ein paar Nummern zu groß für uns. Es gibt eigentlich nur eine Möglichkeit …"

Jojo erklärt Jannis kurz seinen Plan. „Es ist nicht optimal, das ist klar", sagt er zum Schluss. „Aber anders kommen wir nicht weiter." Er blickt auf die Mickymausuhr, die neben Jannis' Bett steht. „Vier Uhr. Lass uns noch eine Runde pennen, damit wir nachher fit sind. Ich schätze mal, wir brauchen unseren ganzen Grips, wenn wir diesen Fall wirklich lösen wollen!"

Als Jojo sich schon wieder in seinen Schlafsack gewickelt hat und gerade die Augen zumachen will, hört er Jannis flüstern: „Ich hab echt Angst gehabt vor diesem Leon! Und ein bisschen Angst hab ich immer noch. Wer weiß, ob der mich nicht heimlich beobachtet oder so? Aber es ist gut, dass du da bist. Zu zweit ist es irgendwie einfacher."

„Alte Detektivregel", flüstert Jojo zurück. „Du brauchst immer einen Partner, der dir Rückendeckung gibt. Sonst siehst du echt alt aus!"

Jojo und Jannis werden wach, als Jannis' Vater an ihrem Fenster vorbei über die Terrasse geht. Er scheint laut mit sich selbst zu reden, sie hören

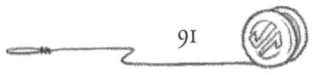

ganz deutlich, wie er sagt: „Und heute krieg ich dich, du kleiner Stinker! Du hast dich die längste Zeit durch meinen Garten gewühlt. Heute hat dein letztes Stündlein geschlagen!"

Jojo richtet sich auf und wirft einen Blick nach draußen. Jannis' Vater steht mit erhobenem Spaten mitten auf dem Rasen zwischen den neuen Erdhaufen, die der Maulwurf in der Nacht aufgeworfen hat.

„Mein Alter spinnt", stellt Jannis kopfschüttelnd fest. „Aber wenigstens ist er beschäftigt, dann müssen wir ihm nicht lange erklären, wieso wir gleich schon wieder abhauen."

„Du schaffst das, kleiner Maulwurf", sagt Jojo leise, bevor sie sich schnell anziehen und zum Zähneputzen ins Badezimmer laufen.

Jannis' Mutter liegt noch im Bett. Jannis steckt den Kopf durch die Schlafzimmertür und ruft ihr zu: „Wir frühstücken bei Jojo! Und danach wollen wir uns mit Fabian und Pia treffen."

„Viel Spaß", murmelt seine Mutter nur schlaftrunken, während sie sich schon wieder die Decke über den Kopf zieht.

Ihr Plan steht fest. Sie müssen nur noch kurz zu Jojo und sagen, sie hätten schon bei Jannis gefrühstückt. Wichtig ist im Moment vor allem, dass sie keine Zeit verlieren!

Doch so einfach lässt Jojos Vater die beiden Freunde nicht davonkommen. „Da war eben eine Frau beim Bäcker, die sucht zwei Jungen, die gestern Abend mit einem Hund bei ihr am Haus waren", erzählt er. „Und sie meint, der Hund sei vielleicht Monster gewesen!" Er blickt Jojo und Jannis forschend an. „Wart ihr gestern im Dunkeln noch mal mit Monster unterwegs?"

„Wir? Nachts?", ruft Jannis. „Nee, das muss jemand anders gewesen sein. Jeder, der weiß, wo der Schlüssel für den Zwinger ist, kann nachts mit Monster abhauen. Pfennig Junior kriegt das gar nicht mit. Und gestern Abend war er sowieso nicht …"

Jojo kann Jannis gerade noch einen Rippenstoß verpassen, bevor er sich verplappert. Dann sagt er schnell: „Vielleicht waren es ja Fabian und Pia. Pia kann man im Dunkeln gut für einen Jungen halten. Wir fragen sie gleich mal! Wir wollten nämlich sowieso gerade zu ihnen. Wir sehen uns spätestens zum Mittagessen!"

Jojos Vater blickt kopfschüttelnd hinter ihnen her, bis sie bei Pia und Fabian am Gartentor stehen. Dann hebt er noch mal die Hand zum Abschied.

Jojo winkt kurz zurück. „Mann, Mann", sagt er leise zu Jannis, als er die Klinke aufdrückt. „Diese Lügerei fängt langsam an, mir gewaltig auf die Nerven zu gehen. Und ich fürchte, dass es noch jede Menge Ärger geben wird, wenn erst mal rauskommt, was wirklich passiert ist."

Jannis gibt keine Antwort. Aber Jojo weiß auch so, dass es ihm nicht viel besser geht. Sie haben sich da auf etwas eingelassen, was alles andere als lustig ist. Und das, was sie nun vorhaben, wird mit Sicherheit auch kein Zuckerschlecken!

10. Kapitel
Alex packt aus

Jojo heftet seinen Daumen auf den Klingelknopf.

Die Mutter von Pia und Fabian macht ihnen die Tür auf. „Na, ihr seid ja schon früh unterwegs!", sagt sie überrascht. „Wir sitzen noch alle am Frühstückstisch. Kommt rein."

Bevor sie etwas antworten können, geht sie schon vor ihnen her in die Küche.

„Schlechtes Timing", flüstert Jannis noch, dann sagt Fabian auch schon mit vollem Mund: „Ach nee, sieht man euch auch mal wieder."

Und Pia fragt: „Was gibt's? Ihr seht aus, als hättet ihr ein Problem. Können wir helfen?" Sie grinst, als würde sie sich ein bisschen freuen. Oder als wüsste sie mehr, als wir ahnen, denkt Jojo. Aber wahrscheinlich nimmt sie nur an, dass

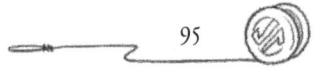

wir irgendeinen Fall haben, den wir auf eigene Faust lösen wollten und bei dem wir jetzt nicht weiterkommen. Womit sie ja auch vollkommen richtig liegt!

Jojo merkt, wie Jannis neben ihm nervös von einem Fuß auf den anderen tritt. Und Jojo ist selbst so nervös, dass er plötzlich beim besten Willen nicht mehr weiß, wie er anfangen soll. Vor allem als sich auch noch der Vater von Pia und Fabian einmischt: „Also, wo brennt's denn? Habt ihr mal wieder die Nase in Sachen gesteckt, die euch nichts angehen? Was ist es denn diesmal? Soll ich vielleicht irgendwelche Einbrecher für euch verhaften?" Er lacht, als hätte er einen besonders guten Witz gemacht.

Jetzt sieht Jojo erst, dass er nicht nur ein Paar Handschellen am Gürtel hat, sondern auch seine Dienstwaffe. Klar, er ist ja auch Polizist. Wahrscheinlich will er nur noch schnell frühstücken, bevor er zur Arbeit muss, denkt Jojo. Und vielleicht wäre es am besten, ihm jetzt gleich alles zu erzählen …

Die beiden kleinen Brüder von Pia und Fabian strecken Jojo und Jannis heimlich die Zunge raus und Alex wirft Jojo einen warnenden Blick zu.

Jojo nimmt allen Mut zusammen und sagt: „Nein danke. Im Moment brauchen wir noch keine Polizei. Wir wollten eigentlich nur kurz mit Alex sprechen."

Jannis räuspert sich und setzt schnell hinzu: „Aber wenn es gerade ungünstig ist, können wir auch nachher noch mal wiederkommen."

„Können wir nicht", sagt Jojo. „Es ist wichtig. Und es muss sofort sein."

„Hä?", machen Pia und Fabian gleichzeitig. „Was wollt ihr denn von Alex?"

„Das würden wir ihm gerne selber sagen", erklärt Jojo. Er blickt Alex an. „Können wir draußen irgendwo reden?"

„Ich hab keine Ahnung, was das soll", sagt Alex genervt. „Aber wenn's sein muss, gehen wir kurz raus in den Schuppen. – Da bin ich ja echt mal

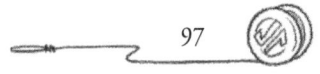

gespannt, was die Zwerge von mir wollen", erklärt er den anderen, wobei er versucht, so zu tun, als könnte es nur irgendetwas vollkommen Albernes sein, was ihn auf keinen Fall interessiert.

Pia und Fabian starren mit offenem Mund hinter ihnen her, als sie mit Alex verschwinden.

Sie sind kaum im Schuppen, als Alex Jojo am Arm packt: „Bist du bescheuert, hier aufzutauchen? Was soll das? Okay, ich hab dir dein Jo-Jo weggenommen, aber ich hab es mir nur geliehen. Und geliehen ist nicht geklaut, klar? Deshalb musst du nicht ausgerechnet am Sonntagmorgen mit dem Dicken hier angerückt kommen und den wilden Mann markieren!" Er greift in seine Tasche. „Hier, du kannst das Ding wiederhaben. Der Trick funktioniert sowieso nicht."

Jojo nimmt ihm das Jo-Jo aus der Hand und schiebt es in seine Baggies.

„Sonst noch was?", fragt Alex.

„Ja", sagt Jannis sauer. „Ich bin nicht dick. Nicht viel dicker als die meisten anderen jedenfalls. Und ich würde es sehr zu schätzen wissen, wenn du in Zukunft ein bisschen aufpasst, was du so vor dich hin laberst. Sonst müssen wir leider doch deinen Vater informieren. Da gibt es

nämlich noch eine Kleinigkeit, die ihn interessieren dürfte."

Jannis ist echt cool, denkt Jojo. Selbst wenn er letzte Nacht noch vor Angst geheult hat, jetzt ist er wieder voll da!

„Was?", ruft Alex verblüfft. „Ich kapier kein Wort! Wovon redest du?"

„Davon", sagt Jojo und zeigt auf Alex' Turnschuhe. „Unter anderem." Er wirft einen schnellen Blick zu Jannis hinüber.

Jannis nickt und macht weiter: „Wir wissen, wo du deine Turnschuhe herhast. Und wir wissen auch, dass sie nicht gekauft sind."

„Außerdem schätze ich mal, dass das Gleiche auch für dein Handy gilt", übernimmt Jojo wieder. „Also, wo hast du die Sachen geklaut?"

„He!", beschwert sich Alex. „Ich hab überhaupt nichts geklaut, dass das mal klar ist. Das könnt ihr mir nicht anhängen! Ich hab nur …"

„Was?", unterbricht ihn Jojo. Er ist sich plötzlich fast sicher, dass Alex gerade die Wahrheit sagt. Aber natürlich weiß Alex mehr, als er zugeben will.

„Vergiss es", sagt Alex. „Das geht euch überhaupt nichts an."

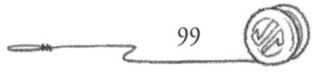

„Doch", erwidert Jojo ganz ruhig. „Weil wir nämlich wissen, dass Philip dir die Sachen besorgt hat. Und Philip ist es auch, der …"

„Wer?", fragt Alex irritiert.

„Wer?", fragt auch Jannis.

Jojo blinzelt ihm schnell zu, bevor er antwortet. „Philip. Der Typ, der die Deals für euch macht. Der Boss von eurer Bande!"

„Mann, ich kenne überhaupt keinen Philip!", ruft Alex. „Und von was für einem Boss redest du? Wir haben keinen Boss! Leon hat zwar das Zeug besorgt, aber …"

„Danke", sagt Jojo nur. „Das wollte ich hören."

„He, glaub jetzt bloß nicht, du hättest irgendwas gegen mich in der Hand", versucht Alex schnell, seinen Fehler wiedergutzumachen. „Ich weiß sowieso nicht, warum ich überhaupt mit euch rede!"

„Weil du hoffentlich nicht ganz so blöd bist wie dieser Leon", mischt sich Jannis wieder ein. „Wir haben zufällig mitgekriegt, dass ihr gestern Abend Streit miteinander hattet. Und als Detektive können wir in diesem Fall natürlich nicht einfach so tun, als wüssten wir von nichts. Aber das Problem ist vor allem, dass Leon mir gedroht hat und mir vielleicht irgendwo auflauert. Und darauf stehe ich nicht besonders, wenn du weißt, was ich meine."

„Leon macht was?", fragt Alex und starrt Jannis an, als hätte er gerade Chinesisch geredet.

Aber er hat Jannis natürlich ganz genau verstanden! Und Jojo merkt deutlich, dass sich die Situation plötzlich verändert. Es ist fast so, als wäre Alex auf einmal auf ihrer Seite! Wie ein echter Kumpel oder – ein großer Bruder eben …

Alex bückt sich zu Jannis und fasst ihn an den Schultern. „Okay", sagt er leise. „Keine Panik, Jannis. Jetzt hören wir mal auf, blöde Spielchen zu spielen, und ihr erzählt mir von Anfang an, was passiert ist. Und dann sag ich euch, was ich weiß."

Die nächsten zehn Minuten verbringen sie damit, dass Jojo und Jannis von ihren heimlichen Ausflügen auf den Schrottplatz berichten. Bis Alex sagt: „Nicht schlecht, was ihr rausgekriegt habt. Saubere Detektivarbeit. Und ihr liegt sogar ziemlich richtig mit eurem Verdacht! Das Problem ist nur, dass ich selber nicht so ganz weiß, was Leon da am Laufen hat …"

Jannis schüttelt den Kopf. „Moment mal", sagt er. „Das klingt jetzt so, als würde es nur um Leon

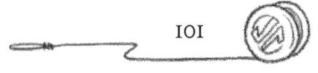

gehen. Aber ihr klaut doch auch Handys! Ich meine, ihr seid doch die Bande, über die sie in der Zeitung geschrieben haben, oder etwa nicht?" Jannis' Augen flackern, als würde er fest damit rechnen, dass Alex wieder sauer wird.

Aber Alex bleibt ganz ruhig. „Es gibt überhaupt keine Bande. Das ist alles Blödsinn."

„Und wo habt ihr dann alle eure Handys her?", hakt Jojo nach. „Die lagen doch bestimmt nicht eines Morgens zufällig bei euch im Briefkasten oder so."

„Das nun nicht gerade", erwidert Alex und sieht so aus, als würde er angestrengt überlegen, ob er überhaupt noch irgendwas sagen soll. Aber dann rückt er doch mit der Sprache raus: Leon hat ihnen die Handys besorgt! „Er wollte unbedingt mit uns befreundet sein", erzählt Alex. „Und dann hat er sich bei uns eingeschleimt, indem er jeden Tag mit einem Handy für einen von uns kam. Klar haben wir gewusst, dass da irgendwas nicht stimmen kann, aber es war ja auch ganz cool, einfach so ein neues Teil zu kriegen. Genauso wie mit den Tretern hier!" Er zeigt auf seine Turnschuhe. „Teure Dinger, auch ziemlich cool."

„Echt cool", sagt Jojo, wobei seine Stimme so klingt, als würde er fragen: „Sag mal, wie bescheuert muss man eigentlich sein, um sich auf so was einzulassen? Es ist doch wohl klar, dass das irgendwann auffliegt."

„Klar", sagt Alex jetzt auch. „War vielleicht bescheuert. Vor allem wegen dieser Typen, mit denen es jetzt irgendein Problem gibt …"

„Was für Typen?", fragt Jojo. „Wen meinst du?"

„Weiß ich selber nicht genau. Drei Typen mit einem dicken BMW. Ich hab sie nur einmal gesehen, als sie Leon nach der Schule abgefangen haben. Keine sehr angenehmen Leute …"

Es dauert einen Moment, bis Jojo und Jannis die ganze Geschichte aus Alex herausgekitzelt haben. Aber plötzlich passt alles wie ein Puzzle zusammen: Leon ist von den Typen erwischt worden, als er einem von ihnen das Handy klauen wollte. Sie haben ihn erst mal wieder laufen lassen, ohne die Polizei zu holen. Aber am nächsten Tag standen sie plötzlich vor der Schule und wollten mit Leon reden.

„Er hat nie erzählt, was da genau gewesen ist", sagt Alex. „Er hat nur so getan, als wären die Typen jetzt seine Freunde. Aber ich glaube …"

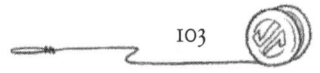

„Dass sie ihn unter Druck gesetzt haben", kombiniert Jojo. „Sie haben ihn zwar nicht angezeigt, aber dafür sollte er etwas für sie tun. Das würde zu dem Deal passen, von dem er geredet hat!"

Alex nickt. „Der Deal war wohl, dass Leon jeden Tag neue Handys für die Typen liefern sollte. Und blöderweise hat der Idiot ihnen von uns erzählt und behauptet, dass wir das Ding als Bande durchziehen würden. Dafür haben wir dann auch erst mal die Turnschuhe gekriegt, sozusagen als kleine Motivation. Und jede Woche sollte es irgendwas anderes geben, teure Thermojacken oder Kapuzenshirts und andere Klamotten. Immer vorausgesetzt natürlich, dass wir reichlich Handys abliefern. Den Rest kennt ihr. Ich bin ausgestiegen und die anderen genauso."

„Ziemlich fies eigentlich", stellt Jojo fest. „Erst die Sachen zu nehmen und dann so zu tun, als wäre es nicht euer Problem, wenn Leon Ärger hat."

„Was soll ich denn machen?", fragt Alex. „Das hat Leon sich ganz alleine eingebrockt! Und ich kann ja wohl auch schlecht zur Polizei gehen. Dazu hängen wir alle schon viel zu sehr drin in dem Mist. – Aber ihr habt recht, Leute", setzt er dann hinzu. „Ich muss mit Leon reden!"

„Ich glaub eher, du musst mit deinem Vater reden", sagt Jojo leise.

„Mit beiden! Sowohl mit Leon als auch mit deinem Vater", erklärt Jannis. „Die Typen mit dem BMW sind ja wohl eindeutig Verbrecher. Und Leon ist im Moment der Einzige, der die Polizei auf die richtige Spur führen kann. Er kennt die Typen, er muss nur ein Treffen mit ihnen ausmachen – und dann kann die Polizei sie in aller Ruhe einkassieren."

Jannis hat kaum den letzten Satz zu Ende gesprochen, als sie ein Geräusch hören. Alex legt sich den Zeigefinger auf die Lippen. Dann schleicht er zur Tür und reißt sie auf. Pia und Fabian sind so überrascht, dass sie fast kopfüber in den Schuppen stolpern.

Aber Pia braucht keine zehn Sekunden, um sich von ihrem Schreck zu erholen. Ihre Augen blitzen vor Wut. „Sagt mal, spinnt ihr eigentlich, Leute? Glaubt ihr echt, ihr könnt hier ohne uns irgendwelche Fälle lösen? Das ist ja wohl das Allerletzte!"

„Genau", kommt es von Fabian. „Wir haben alles gehört! Ihr seid hinter einer Bande mit einem BMW her. Und ihr plant eine Falle! Aber da wol-

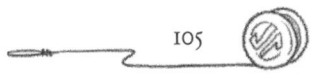

len wir mitmachen. Ohne uns läuft nämlich gar nichts. Entweder wir sind alle dabei oder gar keiner, ist das klar?"

11. Kapitel
Auf gefährlicher Mission

Jojo springt über das Gartentor und rennt los. Wenn er Glück hat, ist Alex gerade erst um die Ecke zur Hauptstraße gebogen und er kann ihm noch folgen. Wenn er Pech hat, ist Alex längst weg oder in die andere Richtung gelaufen.

Nachdem Pia und Fabian in den Schuppen gekommen sind, mussten Jojo und Jannis ihnen erst mal alles haarklein erzählen, damit sie sich wenigstens wieder halbwegs beruhigten.

Nur Alex hat die ganze Zeit über gar nichts gesagt, sondern an der Wand gelehnt und vor sich hin gestarrt. Dann hat er plötzlich auf sein Handy geblickt und gemurmelt: „Ich hab noch eine Verabredung. Ich melde mich, wenn ich das erledigt habe."

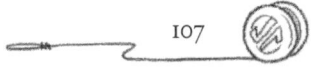

Und bevor noch einer von ihnen etwas sagen konnte, war er auch schon verschwunden. Aber Jojo hat gleich gewusst, dass an der Sache irgendwas faul war. Dass Alex nicht einfach eine Verabredung hatte, sondern es unter Garantie etwas mit Leon zu tun hatte.

Deshalb hat Jojo auch keine Minute später gerufen: „Mist, Leute! Ich hab total vergessen, dass ich meiner Mutter versprochen habe, noch vor dem Mittagessen … äh, den Garten umzugraben. Genau, das war es, was ich versprochen habe. Und wenn ich das nicht mache, dann … kriege ich nichts zu essen! Nie wieder!"

Pia und Fabian haben ihm beide einen Vogel gezeigt. Und Jannis hat ihn nur noch mit offenem Mund angestarrt. Klar, dass ihm keiner von den Freunden diesen Blödsinn geglaubt hat. Aber das war ihm in dem Moment völlig egal, er musste nur so schnell wie möglich hinter Alex her!

Als er jetzt an die Straßenecke kommt, fürchtet er schon, dass alles umsonst war. Von Alex ist jedenfalls weit und breit nichts zu sehen. Jojo läuft noch an der alten Tankstelle vorbei bis zur Dönerbude. Er wirft gerade einen Blick durch die Scheibe, als ihn plötzlich jemand von hinten packt und ihm den Arm auf den Rücken dreht. Dann stößt er Jojo vor sich her in den schmalen Gang, der zur Hintertür führt.

„Au!", brüllt Jojo. „Was soll das? Lassen Sie mich los!"

Der Druck auf Jojos Arm lässt ein bisschen nach. Jojo dreht den Kopf, bis er sehen kann, wer ihn gepackt hält.

Alex!

„Mann, bist du verrückt? Du tust mir weh! Was soll das?", wiederholt Jojo.

„Genau dasselbe wollte ich dich eigentlich fragen", antwortet Alex. „Warum verfolgst du mich? Na los, ich höre!"

„Weil ich wissen will, was du vorhast", erklärt Jojo. „Es hat was mit Leon zu tun, stimmt's?"

„Du nervst, aber echt!", sagt Alex. Wenigstens lässt er Jojos Arm wieder los. Und nach einem Moment sagt er: „Wenn ich dich jetzt zurück nach Hause schicke, dann heißt das noch lange nicht, dass du wirklich verschwindest, richtig?"

Jojo nickt und zuckt gleichzeitig mit den Schultern. Was ungefähr so viel heißen soll wie: Was fragst du denn so blöd? Ich bin Detektiv! Ich mache nur meinen Job …

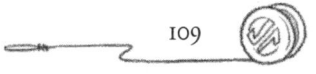

„Dachte ich mir schon", stöhnt Alex genervt. „Also gut, pass auf: Ich nehm dich mit, aber du machst genau, was ich sage, klar?"

„Klar. Und wo gehen wir hin?"

Alex schüttelt den Kopf. „Du stellst zu viele Fragen!"

„Berufskrankheit", sagt Jojo nur. „Also, wie ist der Plan?"

„Weiß ich noch nicht genau. Leon hat gestern irgendwas davon gesagt, dass er sich heute mit den BMW-Typen trifft. Eigentlich sollten wir alle mitkommen, damit sie uns auch kennenlernen. Aber du weißt ja, dass wir bei dem Deal nicht mitmachen wollen. Deshalb ist er jetzt wohl alleine. Und ich schätze mal, dass das diesen Typen gar nicht schmecken wird. Aber vielleicht …"

„… ist das unsere Chance!", unterbricht ihn Jojo. „Wenn wir nahe genug rankommen, können wir alles mit deinem Handy filmen! Dann haben wir auch das Autokennzeichen und die Gesichter von den Typen. Oder wir holen einfach gleich die Polizei. Was meinst du?"

„Ich höre irgendwie immer wir", sagt Alex. „Du hältst dich schön im Hintergrund! Mit solchen Typen ist nicht zu spaßen, das muss dir klar

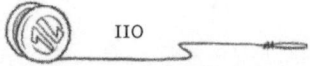

sein. – Im Übrigen habe ich ungefähr in die gleiche Richtung gedacht wie du", setzt er hinzu, als Jojo nur die Augen verdreht. „Der Treffpunkt ist auf dem Parkplatz am Supermarkt. Hinter den Müllcontainern. Und zwar um Punkt zehn, hat Leon gesagt. Also los, damit wir nicht zu spät kommen!"

Jojo folgt Alex wieder zurück auf die Straße. Aber sie sind kaum ein paar Meter weiter, als Alex ihn mit einem Ruck hinter den nächsten Baum zieht.

Jetzt sieht auch Jojo den schwarzen BMW, der von der anderen Seite kommt und gerade mit quietschenden Reifen nach links auf den Parkplatz vom Supermarkt einbiegt.

„Willst du das wirklich mit mir zusammen durchziehen?", fragt Alex. „Noch ist Zeit, um auszusteigen."

„Gehst du beim Fernsehen immer dann ins Bett, wenn der Krimi richtig spannend wird?", fragt Jojo zurück.

„Natürlich nicht."

„Also kennst du meine Antwort."

Aber im nächsten Moment schießt Jojo ein Gedanke durch den Kopf, der ihm eine Gänse-

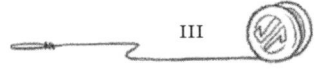

haut über den Rücken jagt. „Warte mal! Du kennst diese BMW-Typen doch nicht zufällig längst, oder?"

„Was? Wie kommst du denn da drauf?" Alex blickt ihn verständnislos an.

Aber Jojo lässt sich nicht beirren. „Als ich euch das erste Mal belauscht habe, da hat Leon einen Anruf gekriegt", sagt er. „Da ging es auch um irgendein Treffen. Und Leon hat gesagt, dass er seine Kumpels mitbringen würde. Danach seid ihr alle zusammen losgerannt …"

Alex tippt sich an die Stirn. „Du hast echt eine Vollmacke! Wir haben keine Zeit für irgendwelches Gelaber, kapierst du das nicht?"

„Ich will es aber trotzdem wissen", beharrt Jojo. „Zu meiner eigenen Sicherheit."

„Wir sind heimlich über den Zaun ins Freibad geklettert, um mit ein paar Mädchen baden zu gehen", erklärt Alex und verdreht genervt die Augen. „Das war alles. Bist du jetzt beruhigt?"

Jojo grinst. „Okay, das klingt zumindest so bescheuert, dass ich es dir glatt glaube."

„Prima! Und soll ich dir jetzt vielleicht auch noch erzählen, wofür ich am nächsten Tag dein Jo-Jo gebraucht habe?"

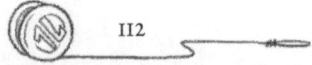

„Das kannst du machen, klar", sagt Jojo. „Aber ich glaube, ich weiß es sowieso schon. Ist doch logisch! Wahrscheinlich hast du da im Freibad ein Mädchen kennengelernt und wolltest ein bisschen angeben. Hab ich recht?"

Alex starrt Jojo mit offenem Mund an, als würde er ihn zum ersten Mal sehen.

„War nicht so schwierig", sagt Jojo. „Einfache Detektivarbeit. Ich hab nur eins und eins zusammengezählt. Aber jetzt sollten wir uns vielleicht mal um die wichtigen Sachen kümmern. Was ist, bist du inzwischen festgewachsen oder kommst du mit?" Jojo dreht sich um und rennt los. Dicht hintereinander laufen sie am Zaun entlang, immer bereit, bei der kleinsten Bewegung vor ihnen in das nächste Gebüsch zu hechten. Hinter den Müllcontainern gehen sie in die Hocke und lauschen mit angehaltenem Atem auf irgendein Geräusch. Aber sie können weder Stimmen hören noch den Motor des BMWs …

„Da ist niemand", flüstert Jojo und schiebt sich so weit nach vorne, bis er vorsichtig um die Ecke blicken kann. Der Platz hinter den Containern ist leer!

„Weiter", sagt Alex nur. „Los, komm!"

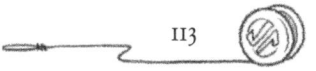

Geduckt schleichen sie an den Müllcontainern vorbei bis zur Rückseite des Supermarkts. Als Alex plötzlich anhält und warnend die Hand hebt, können sie sich gerade noch rechtzeitig hinter einen Stapel leerer Kisten und Kartons drücken. Fast wären sie den BMW-Typen genau in die Arme gerannt!

Aber als Beobachtungsposten ist der Platz gar nicht schlecht. Die Kartons geben ihnen genug Deckung, um alles überblicken zu können.

Der BMW steht schräg vor dem Hundezwinger, ein Typ mit Glatze füttert Monster ununterbrochen mit Leckerlis, die er aus den Taschen seiner Trainingshose holt. Womit auch klar ist, warum Monster nicht längst mit seinem Gebell die ganze Gegend aufgeschreckt hat. Stattdessen wedelt er begeistert mit dem Schwanz und führt alle Tricks vor, die er kann, um die nächste Belohnung durch das Gitter gesteckt zu bekommen.

Die Kofferraumhaube des BMWs ist aufgeklappt. Davor stehen noch zwei Glatzköpfe. Sogar aus der Entfernung kann Jojo erkennen, dass sie bis unter die Kinnspitzen tätowiert sind. Und sie scheinen gerade ein Spiel zu spielen, das sie offensichtlich für lustig halten. Wobei Leon

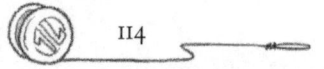

das wahrscheinlich ganz anders sieht. Er ist nämlich derjenige, den die Glatzköpfe zwischen sich hin und her schubsen! Und jedes Mal, wenn er ruft: „Hört auf, Leute, bitte!", lachen sie nur und fangen wieder von vorne an …

Aus den Augenwinkeln sieht Jojo, wie Alex sein Handy hochnimmt und anfängt zu filmen.

„Du glaubst doch wohl nicht im Ernst, dass du uns für blöd verkaufen kannst!", brüllt jetzt die eine Glatze. „Aber so läuft das nicht. Wir haben einen Deal! Und wenn du und deine Kumpels nicht liefern, dann lassen wir dich hochgehen. Was meinst du wohl, wie die Bullen sich über einen kleinen Tipp freuen, wer hier in letzter Zeit den Leuten ihre Handys klaut. Und denk noch nicht mal daran, das kleine Vöglein zu spielen und zu singen! Wir wissen, wo du wohnst, wir finden dich überall – ein Pieps von dir und du kannst dir schon mal einen Platz auf dem Friedhof suchen!"

Leon fängt an zu heulen. „Ich sag ganz bestimmt nichts!", schluchzt er. „Aber lasst mich bitte in Ruhe. Ich mach auch alles wieder gut. Ihr könnt so viele Handys von mir haben, bis die Turnschuhe abbezahlt sind, aber mehr geht nicht. Meine Kumpels wollen nicht, ich kann den Deal nicht einhalten."

„Das hättest du dir vorher überlegen sollen!", brüllt die Glatze weiter. „Jetzt ist es zu spät, um die Memme zu spielen."

Jojo weiß, dass sie ganz schnell etwas unternehmen müssen, sonst wird Leon vor ihren Augen windelweich geprügelt. „Das reicht als Beweis!", flüstert er Alex zu. „Jetzt ruf schnell die Polizei an, bevor …"

„Schon dabei", flüstert Alex zurück, während er zweimal die Eins und einmal die Null drückt.

Aber im gleichen Moment fängt Monster plötzlich an, wie wild zu kläffen. Dabei springt er am Gitter hoch und dreht den Kopf in die Richtung,

in der sich Jojo und Alex verstecken. Er hat eindeutig ihre Witterung aufgenommen! Und natürlich blicken jetzt auch Leon und die Glatzköpfe zu dem Kistenstapel hinüber!

„Da ist doch jemand!", brüllt der Typ mit dem Trainingsanzug und setzt sich in Bewegung. Er kommt genau auf Jojo und Alex zu.

„Weg hier!", keucht Alex und packt Jojo, um ihn mit sich zu ziehen. Aber dann stolpert er über einen leeren Karton und fliegt der Länge nach hin!

Jojo verpasst dem Kistenstapel einen Stoß, um dem Typen mit dem Trainingsanzug den Weg zu blockieren. Alex rappelt sich hoch. Sie wollen gerade wieder losrennen, als plötzlich einer von den anderen beiden Glatzen brüllt: „Die Bullen kommen! Hört ihr das nicht? Los, weg hier!"

Im nächsten Moment hört auch Jojo die Sirene. Als er sich umblickt, sieht er, wie die beiden Glatzen Leon in den BMW zerren. Sie wollen ihn entführen! Entweder damit er der Polizei nichts erzählen kann, denkt Jojo, oder – noch viel schlimmer – als Geisel!

Die Sirene kommt immer näher, der Polizeiwagen muss jeden Augenblick auf den Parkplatz

einbiegen. Und jetzt hört Jojo auch noch eine zweite Sirene! Aber der Typ mit dem Trainingsanzug steht immer noch zwischen den Kisten und weiß ganz offensichtlich nicht, ob er Jojo und Alex verfolgen oder mit den anderen im Auto abhauen soll.

Einer von den Glatzköpfen brüllt: „Komm endlich, Mann! Du hast den Schlüssel, beeil dich, die Bullen sind gleich da!"

Jetzt scheint der Typ mit dem Trainingsanzug einen Entschluss gefasst zu haben. Er droht Jojo und Alex mit der Faust und ruft: „Ich krieg euch noch, verlasst euch drauf!" Dann dreht er sich um und will zum Auto zurücklaufen. Allerdings geht das nicht so einfach. Er hat Mühe, sich aus dem Wirrwarr von Kisten zu befreien ...

Plötzlich ist Alex direkt neben Jojo. „Los", keucht er atemlos, „mach den Trick, den du mir neulich gezeigt hast!"

Jojo weiß sofort, was Alex meint. Er springt mitten zwischen die Kisten und holt dabei auch schon das Jo-Jo aus der Tasche. Dann lässt er es wie ein Lasso über seinem Kopf kreisen, bis der richtige Moment gekommen ist und er die hölzernen Scheiben nach vorne katapultiert.

Der Fahrer reißt noch die Hände hoch, als er das Jo-Jo auf sich zuschnellen sieht, aber da wickelt sich die Schnur bereits um seine Beine und er fällt einfach um wie ein gut verschnürtes Paket.

In diesem Moment kommt schlingernd der erste Streifenwagen auf den Platz gerast und stellt sich quer vor den BMW. Keine zehn Sekunden später ist auch der zweite Polizeiwagen da. Die

Glatzen steigen mit erhobenen Händen aus, während sich eine Polizistin um Leon kümmert, der schluchzend auf der Rückbank hockt.

Jetzt erst bekommt Jojo mit, dass mit dem zweiten Polizeiwagen nicht nur der Vater von Pia und Fabian gekommen ist, sondern auch Pia und Fabian selbst! Und natürlich Jannis!

„Gute Arbeit, Partner!", ruft Jannis und zeigt grinsend auf den zappelnden Typen in der Jo-Jo-Schnur. „Ich schätze mal, das macht dir so schnell keiner nach!"

Jojo grinst zurück, obwohl er immer noch weiche Knie vor Aufregung hat. „Trotzdem gut, dass ihr im richtigen Moment gekommen seid", sagt er dann. „Ich hab ja nur ein Jo-Jo, das reicht nicht für drei Gangster. – Aber sag mal", setzt er hinzu, „woher wusstet ihr überhaupt, wo wir sind?"

„Köpfchen", antwortet Jannis nur und lacht so breit, dass es aussieht, als würde sein Mund von einem Ohr bis zum anderen reichen. „Und ein bisschen Detektivarbeit für Fortgeschrittene."

12. Kapitel
Noch ein kleiner Haken

In den nächsten Minuten geht alles drunter und drüber. Und es passiert so viel auf einmal, dass Jojo Mühe hat, überhaupt noch durchzublicken.

Kaum hat die Polizei den drei BMW-Typen Handschellen angelegt und sie sicher im Streifenwagen verstaut, stehen plötzlich Jojos Eltern auf dem Parkplatz. Aber sie sind nicht alleine! Die Frau mit der Schäferhündin ist bei ihnen. Die Hündin bellt und zerrt an der Leine, und Monster winselt und springt schwanzwedelnd am Gitter des Zwingers hoch. Natürlich erscheint im nächsten Moment auch Pfennig Junior und will wissen, was die Polizei hinter seinem Supermarkt macht. Und Pia und Fabian erklären jedem, der ihnen in den Weg kommt, ganz genau, was passiert ist. Dabei tun sie allerdings so, als seien sie es gewesen, die den Fall aufgeklärt haben! Was Jojo aber im Moment sogar ganz lieb ist, weil es für seine Eltern so klingt, als sei er eher zufällig in die Sache verwickelt worden.

Sabine nimmt Jojo in die Arme und drückt ihn an sich. „Ich bin froh, dass dir nichts passiert ist", sagt sie leise.

Und Wilfried brummt: „Ich auch."

„Wieso seid ihr überhaupt hier?", fragt Jojo und versucht, sich aus der Umarmung seiner Mutter zu befreien.

„Frau Behrends sucht immer noch die beiden Jungen, die gestern Abend mit Monster bei ihr am Haus waren", erklärt Jojos Vater und zeigt auf die Frau mit der Hündin. „Sie hat überall geklingelt, und als sie bei uns war, hat gegenüber gerade der Streifenwagen gehalten und deine Freunde eingeladen. Und Jannis hat uns zugerufen, dass sie schnell zum Supermarkt müssen, weil du vielleicht in Gefahr bist …"

Weiter kommt er nicht, weil im nächsten Moment Frau Behrends auf Jannis zeigt und ruft: „Das ist er! Das ist einer von den beiden. Ich erkenne ihn ganz genau wieder!"

Und dann stürmt sie auch schon auf Jannis zu und – umarmt ihn! Jojo hört, wie sie aufgeregt sagt: „Ich habe keine Ahnung, wie ihr es geschafft habt, mir mein Handy wieder zu besorgen. Aber ich möchte mich unbedingt bei euch bedanken. Und eine Belohnung gibt es natürlich auch, deshalb suche ich euch ja schon die ganze Zeit."

Sie zieht ihr Portemonnaie aus der Tasche und drückt Jannis einen Geldschein in die Hand. „Davon gehst du mit deinem Freund Pommes essen oder was immer ihr möchtet!"

„Geht klar", nuschelt Jannis und blickt ein bisschen ratlos zu Jojo, bevor er grinst und kurz den Daumen hochhält. „Zwanzig Euro", formt er dabei tonlos mit den Lippen.

Pfennig Junior hat inzwischen den Zwinger geöffnet und Monster und die Schäferhündin jagen bellend über den Parkplatz.

Ein Polizist durchsucht den Kofferraum des BMWs. „Hier sind jede Menge Handys!", ruft er und hält einen Karton hoch.

„Vielleicht ist ja auch meins dabei", sagt Sabine hoffnungsvoll. Sie macht ein paar Schritte auf den Streifenwagen zu, als sie von der Polizistin gestoppt wird, die sich bis eben um Leon gekümmert hat. Sie hält Jojos Mutter ein Handy hin. „Ich soll Ihnen das hier geben. Und der junge Mann wird sich auch gleich noch bei Ihnen entschuldigen." Sie zeigt zu Leon hinüber, der gerade von einem anderen Polizisten vernommen wird.

Jojo sieht, wie sein Vater plötzlich den Mund aufklappt und auf Leons Turnschuhe starrt.

„Hab ich's doch gewusst: grellgrün mit einem silbernen Streifen", murmelt er, nur um gleich darauf irritiert zu Alex zu blicken. Und noch mal zurück zu Leon und wieder zu Alex. „Aber wieso haben die jetzt beide …? Ich meine, die haben ja beide die gleichen Turnschuhe an!"

„Das ist eine längere Geschichte", sagt Jojo. „Ich erklär's dir später."

Pias und Fabians Vater kommt auf Jojo zu. „So", sagt er, „die Sache scheint ja eindeutig zu sein. Den Rest klären wir dann auf dem Kommissariat. Wahrscheinlich werde ich noch eine Zeugenaussage von dir und Jannis brauchen, aber das hat auch Zeit bis morgen. Ich melde mich dann. Wichtig ist erst mal, dass wir mit eurer Hilfe diese Bande aus dem Verkehr gezogen haben. Wie das mit Leon ausgeht, weiß ich noch nicht. Eine Anzeige wird es in jedem Fall geben, aber wenn er ein bisschen Glück hat und der Richter nicht zu hart ist, kommt er vielleicht mit einigen Sozialstunden davon. Mein größeres Problem ist im Moment …"

„Alex", sagt Jojo. „Weil er Ihr Sohn ist. Und weil er eigentlich nicht wirklich etwas gemacht hat, aber irgendwie doch …"

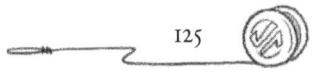

„Gut beschrieben, so sehe ich das auch. Er hätte natürlich schon längst mit mir reden müssen."

„Ich fürchte, Ihr Sohn ist nicht der einzige, auf den das zutrifft", mischt sich Jojos Vater ein und blickt Jojo genau in die Augen.

Jojo weiß, dass ihm noch ein Gespräch bevorsteht, das sicherlich keinen Spaß machen wird. Aber andererseits ist ihm völlig klar, dass sein Vater recht hat. Und er ist froh, wenn die Sache dann endlich ausgestanden ist und er sich nicht mehr von einer Lüge zur nächsten hangeln muss.

Sabine kommt zu ihnen. „Mein Handy ist wieder da!", verkündet sie freudestrahlend, bevor sie sich zu Jojo bückt und ihm schnell ins Ohr flüstert: „Ich hoffe, du weißt selber, dass du ganz schön Mist gebaut hast. Und darüber werden wir noch reden müssen! Aber ich habe mir überlegt, dass es vielleicht tatsächlich gut ist, wenn du ein eigenes Handy bekommst. Dann kannst du uns zumindest anrufen, wenn …"

„Echt?", ruft Jojo. „Meinst du das ernst?"

„Pscht", macht Sabine und legt sich den Zeigefinger auf die Lippen. „Wilfried weiß noch nichts davon." Sie nimmt Jojo die Chicago-Mütze vom Kopf und wuschelt ihm durch die Haare. „Und jetzt lauf mal schnell zu Jannis rüber. Ich glaube, er wartet schon auf dich!"

Die Polizeiwagen fahren gerade vom Parkplatz. In dem einen sitzen die drei Glatzköpfe auf der Rückbank, in dem anderen Alex und Leon. Alex nickt Jojo noch mal zu, als wären sie jetzt echte Kumpel, die wissen, dass sie sich aufeinander verlassen können. Leon hockt kreidebleich neben ihm und starrt vor sich hin. Er sieht aus, als wünschte er, er hätte nie versucht, sich wichtigzumachen, um den anderen zu imponieren. Das Letzte, was Jojo noch von den beiden sieht, ist, wie Alex Leon den Arm um die Schulter legt.

Jojo fährt sich mit der Hand durch die Haare und läuft dann zu Jannis. „Es wird zwar noch ein bisschen Ärger geben", informiert er seinen Freund. „Aber ich kriege ein Handy! Endlich! Was sagst du jetzt?"

„Da sag ich nur: Hammer, Alter!" Jannis grinst. „Aber dir ist schon klar, dass die Sache einen gefährlichen Haken hat, oder?"

„Was? Wieso?"

„Du hast noch gar nicht mitgekriegt, woher wir wussten, wo wir euch suchen müssen. Wir sind ja schließlich nicht zufällig hier aufgetaucht."

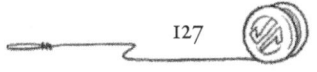

„Und? Raus mit der Sprache!"

Jannis klopft ihm auf die Schulter. „Handy-ortung, Alter! So einfach ist das. Dadurch wussten wir natürlich sofort, wo Alex ist."

„Klar, logisch! Darauf hätte ich auch selber kommen können. Aber ..." Jojo bricht mitten im Satz ab und starrt Jannis an. Dann schlägt er sich mit der flachen Hand vor die Stirn. „Au Mann, du meinst, wenn ich ein Handy habe, dann ... dann ..."

„Genau", sagt Jannis. „Das ist das Problem. Aber lass mal! Wie ich uns kenne, finden wir auch dafür eine Lösung. Und jetzt sollten wir Pia und Fabian auf eine Runde Pommes einladen, was meinst du? Schließlich gibt es was zu feiern. Wir haben gerade mal zwei Tage gebraucht, um den Fall zu knacken. Nicht mal zwei Tage! Ich würde sagen, das macht uns so schnell keiner nach! Wir sind eben die Größten, gib mir fünf, Partner!"